RÉUSSIR SA VIE

Chez le même éditeur,
du même auteur

Marc Gervais, *La Renaissance: Retrouver l'équilibre intérieur,* éditions Un monde différent, Brossard, Québec, 2001, 192 pages.

Marc Gervais, *Nous: Un chemin à deux,* éditions Un monde différent, Brossard, Québec, 2002, 208 pages.

Marc Gervais, *L'Amour de soi: Une richesse à redécouvrir,* éditions Un monde différent, Brossard, Québec, 2005, 192 pages.

Marc Gervais, *Réussir sa vie: Les chemins vers l'équilibre,* éditions Un monde différent, Brossard, Québec, 2007, 224 pages.

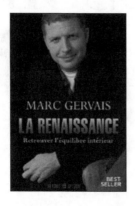

MARC GERVAIS

Auteur du best-seller
La Renaissance

RÉUSSIR SA VIE

Les chemins vers l'équilibre

PRÉFACE JOSEY ARSENAULT

UN MONDE 🛉 DIFFÉRENT

Catalogage avant publication de Bibliothèque et Archives nationales du Québec et Bibliothèque et Archives Canada

Gervais, Marc, 1964-

    Réussir sa vie : les chemins vers l'équilibre

    (Collection Motivation et épanouissement personnel)
    Comprend des réf. bibliogr.

    ISBN 978-2-89225-637-6

    1. Succès - Aspect psychologique. 2. But (Psychologie). 3. Tranquillité d'esprit. 4. Réalisation de soi. I. Titre. II. Collection.

BF637.S8G45 2007   158.1   C2007-940503-7

Adresse municipale :
Les éditions Un monde différent
3905, rue Isabelle, bureau 101
Brossard (Québec), Canada
J4Y 2R2
Tél. : 450 656-2660
Téléc. : 450 659-9328
Site Internet : www.unmondedifferent.com
Courriel : info@umd.ca

Adresse postale :
Les éditions Un monde différent
C.P. 51546
Succ. Galeries Taschereau
Greenfield Park (Québec)
J4V 3N8

© Tous droits réservés, Marc Gervais, 2007

©, Les éditions Un monde différent ltée, 2007
Pour l'édition en langue française

Dépôts légaux : 1er trimestre 2007
Bibliothèque nationale du Québec
Bibliothèque nationale du Canada
Bibliothèque nationale de France

Direction artistique :
MANON BERNIER

Conception graphique de la couverture :
OLIVIER LASSER, BLEUMER

Photo du chemin sur la couverture :
© YURY ZAPOROZHCHENKO

Photo de famille :
MICHEL LALONDE

Photocomposition et mise en pages :
ANDRÉA JOSEPH [PageXpress]

Typographie : New Baskerville corps 12 sur 15 pts

ISBN 978-2-89225-637-6
EAN 9782892256376

Nous reconnaissons l'aide financière du gouvernement du Canada par l'entremise du Programme d'aide au développement de l'industrie de l'édition pour nos activités d'édition (PADIÉ).

Gouvernement du Québec – Programme de crédit d'impôt pour l'édition de livres – Gestion SODEC.

Gouvernement du Québec – Programme d'aide à l'édition de la SODEC.

Imprimé au Canada

Ce livre est dédié à mon père,
décédé le 20 novembre 2005.
Merci papa pour ton exemple de persévérance
qui contribue grandement à ma réussite de vie.

Merci à la Vie pour notre belle famille
et pour Laurence, notre petit rayon de soleil

Table des matières

Remerciements

Merci à Michel Ferron, éditeur des éditions Un monde différent, ainsi qu'à toute l'équipe pour leurs encouragements et leur soutien.

Un merci spécial à Lise Labbé et Jean-Pierre Manseau pour leur amitié, leur amour et pour leur aide à la correction et à la rédaction de ce livre.

Merci à mon ami, agent et producteur de conférences-spectacles, Stéphane Ferland. Merci de croire en moi et en cette aventure d'entraide. Tes conseils et ton expérience dans ce domaine sont très appréciés.

Merci à tous ceux associés directement ou indirectement avec Les Productions Albatros. Votre implication dans ce projet fait toute la différence.

Merci à Richard Babin pour ses belles pensées et à tous les collaborateurs de ce livre.

Merci aux bénévoles et aux spectateurs de partout. Espérant que mes réflexions puissent changer quelque chose et faire une petite différence dans vos vies.

Merci à moi de moi-même de me réaliser autant et avec tant de plaisir…

« Marc est un communicateur percutant ! La force de son message, l'authenticité et la puissance avec lesquelles il nous communique ses connaissances m'ont tout simplement renversé. Vous sortirez empreints d'une énergie nouvelle et habités d'un puissant désir de réalisation ! »

BRUNO DAIGLE, *Conférencier et formateur*

« Cette conférence m'a redonné confiance et je suis mieux dans ma peau. Merci à Marc Gervais. »

MARIE-CHANTAL TOUPIN

« La conférence de Marc Gervais a été un véritable point tournant dans ma vie. C'est un concentré d'enseignements précieux que j'ai pu mettre en pratique dès le premier jour. Mon regard sur la vie a complètement changé et j'en bénéficie encore quotidiennement. »

JEAN-MARC DUFRESNE, *Producteur radio CJRC 1150*

« Cette conférence m'a permis de croire en moi-même et d'atteindre mon plein potentiel. »

BENOIT OUELLETTE, *M. Canada*

« Cette conférence m'a donné confiance et m'a appris l'importance de s'aimer. »

KATRINE BOILEAU, *Miss Québec*

« La conférence m'a aidée à garder un équilibre intérieur suite à l'assassinat de mon mari, Benoît L'Écuyer, policier de Montréal, décédé en 2002… »

ANNICK ROYER, *Montréal*

« C'est lorsque tu crois en toi-même et en tes buts que tu réussis. »

RAOUL DOUCETTE, *Champion canadien des poids lourds (UGC) 2006*

« Les conférences-spectacles de Marc Gervais sont une occasion de s'offrir la perspective d'un regard différent sur la vie, nos préoccupations, nos peurs et surtout la possibilité de faire des changements. Je recommande fortement cette aventure à tous afin de découvrir leur joie de vivre. »

ANDRÉ GAUDREAULT, *Psychologue*

« Avec cette conférence, j'ai compris pourquoi je n'avais jamais réussi à m'apprécier ; je ne m'étais jamais pardonné. J'ignorais l'importance du pardon. »

RÉAL MARTIN, *Médecin*

« Cette conférence m'a délivré de fardeaux que je traînais depuis toujours. Je me sens léger. Et si un jour je tombe, je tomberai vers l'avant afin de bien continuer ma vie. »

MARC DAGUERRE, *Policier SQ*

« Avec mes 74 ans, je peux vous dire qu'il n'y a pas d'âge pour prendre sa vie en main. Le message de Marc m'a fait comprendre que le temps pour vivre, c'était aujourd'hui. J'ai changé ma vision de la vie et j'ai retrouvé ma confiance afin de me réaliser davantage. Je vous souhaite à tous de vivre cette conférence qui restera pour moi inoubliable. »

AGATHE MADORE, *Gatineau*

« On ne vient pas au monde courageux ! Je vous encourage dans votre croissance personnelle. »

COMMANDANT ROBERT PICHÉ

Marc Gervais.com

Marc Gervais est l'un des conférenciers professionnels et des auteurs de best-sellers les plus recherchés au Québec.

Venir assister à une conférence-spectacle de Marc Gervais, c'est décider de se secouer, d'agir pour reprendre sa vie personnelle et professionnelle en main.

Marc est un conférencier des plus dynamiques, d'une simplicité désarmante, qui s'adresse à son auditoire dans un style direct, touchant, et avec un humour qui n'appartient qu'à lui.

Depuis 1995, il a donné plus de 2 000 conférences touchant les thèmes axés sur la croissance personnelle et la motivation.

Marc vous fera vibrer et vous incitera à l'action dans tous les aspects de votre vie.

Marc Gervais est membre de l'Association des conférenciers professionnels du Canada et il est disponible pour donner des conférences aux entreprises, en milieu scolaire, aux organismes gouvernementaux et privés.

Marc Gervais présente ses conférences partout au Canada et en Europe, en français ou en anglais.

LA CONFÉRENCE-SPECTACLE QUI FAIT DU BIEN !

La **conférence-spectacle**, d'une durée de deux jours est simple, efficace et basée sur l'écoute. Notre conférence traite de motivation, touchant plusieurs aspects de la vie d'une façon humoristique, émotionnelle et musicale. Pendant la conférence, Marc est accompagné sur scène de Marie-Pier Myre, une chanteuse exceptionnelle.

C'est ce qu'ont pu découvrir les spectateurs ravis du Théâtre Saint-Denis à Montréal, alors qu'il y faisait salle comble en compagnie d'une équipe professionnelle à souhait, mêlant sketchs et chansons, et où M. et Mme Tout-le-monde se reconnaissaient, étaient touchés et riaient de bon cœur avec les personnages présentés.

Voici les principaux sujets abordés lors de la conférence de deux jours :

- Réussir sa vie
- Être authentique et améliorer ses relations
- Gérer ses émotions et dédramatiser sa vie
- Bâtir sa confiance et son estime de soi
- Mieux vivre le deuil, le lâcher prise et le pardon
- Caractéristiques des gens heureux
- Apprivoiser sa solitude, la confiance, la timidité
- Améliorer sa relation de couple

- L'amour et le respect de soi
- La dépendance affective et la jalousie
- Améliorer sa relation parent-enfant
- Gérer son stress
- Retrouver l'équilibre après une rupture amoureuse
- Les cinq étapes d'un deuil amoureux
- Trouver le bon partenaire de vie

Pour connaître les dates de représentations et les villes, consultez le site Internet :

www.marcgervais.com

Pour une conférence en entreprise ou autre, prenez contact avec :

corporatif@marcgervais.com

Préface

« Il n'y va pas par quatre chemins celui-là quand il parle aux auditeurs ! », m'a dit une collègue après la première émission de radio où j'avais invité Marc Gervais comme intervenant. Après ce commentaire, j'ai souri… je venais de recevoir la confirmation que son message avait réellement touché les gens.

Nous aspirons tous à être heureux, mais souvent sans trop savoir comment y parvenir. Notre pire ennemi étant probablement nous-même.

Pourtant, nous nous efforçons tellement de ne pas nous voir sous notre vrai jour, de camoufler nos réels malaises, de dissimuler nos véritables peurs. Si seulement nos efforts étaient dirigés vers une réussite concrète…

Quand Marc répondait aux questions des auditeurs dans le cadre d'une tribune téléphonique, j'ai compris qu'il n'avait qu'un objectif à l'esprit : aider les gens. Il ne leur donnait pas de réponses toutes faites, il visait droit au but, n'hésitant pas à les remettre en question, à les responsabiliser.

Lors d'une autre émission, grâce à Marc, j'ai eu la chance de rencontrer un homme dont le passé était lourd à porter. J'ai pu constater tout le respect qu'il y avait entre les deux hommes. Je sentais de la fierté dans le regard de Marc pour tout le chemin que Daniel avait parcouru, pour la persévérance dont il avait fait preuve et pour l'accomplissement qu'il avait finalement atteint.

Notre sujet d'émission était : « Est-ce qu'un détenu peut se réhabiliter ? »

Je peux dire que ce qui est ressorti le plus de cette émission, c'est de l'espoir. Comme quoi chaque être humain, peu importe ses épreuves et son passé, peut réussir à se dépasser avec l'amour de soi et la meilleure volonté du monde.

Tout au long de son livre, Marc vous livrera des anecdotes savoureuses comme réflexions de vie. Il vous proposera des exercices pertinents pour vous libérer des chaînes du passé qui vous emprisonnent. Il vous fera part encore de réflexions judicieuses sur l'être humain, la famille, la société et sur le monde. Ses propos sont toujours axés sur sa détermination à secouer son prochain pour l'amener à réagir et à saisir l'importance d'emprunter les chemins vers l'équilibre en vue de réussir sa vie.

Ainsi, grâce à ses outils que sont, entre autres, ses mots simples, son langage direct et son expérience personnelle extraordinaire, Marc Gervais a pour moi toute la crédibilité et la passion nécessaires pour mener les gens sur ce chemin de la réussite…

JOSEY ARSENAULT
ANIMATRICE DE L'ÉMISSION
de radio *Analyse-moi ça*
au 93,3 FM
www.le933.com

Avant-propos

RÉUSSIR SA VIE, À CHACUN SA DÉFINITION

Nous emmagasinons tout au long de notre existence une quantité fabuleuse de convictions, que nous transformons souvent en certitudes et parfois en vérités. Voilà qui explique en partie pourquoi il existe plusieurs définitions sur la façon de réussir sa vie. Je crois qu'il est primordial d'allier l'amour de soi et l'amour des autres avec un mode de vie sain pour avoir la satisfaction d'avoir bien réussi sa vie. Mais il peut en être tout autrement pour quelqu'un d'autre. Si tu demandais par exemple à un mourant de te parler des valeurs fondamentales de sa vie, alors qu'il se voit peu à peu quitter ce monde, en toute humilité, eh bien il serait plutôt rare que tu l'entendes te dire : « J'aurais dû travailler plus et aimer moins ».

Pour chacun de nous, « réussir sa vie » est parfois le simple reflet de nos croyances. C'est pourquoi un homme malheureux, qui vit une relation où s'entremêlent la jalousie et la dépendance affective, peut quand même se vanter d'avoir réussi sa vie en contemplant sa belle grosse maison, même si sa femme est déprimée au bord de sa piscine. Car il possède les éléments extérieurs, l'apparence et le clinquant habituellement associés à la réussite.

Quand j'étais jeune, on me disait que je devais avoir des diplômes universitaires pour réussir ma vie. Cette fausse croyance me revient souvent à l'esprit lorsqu'on me demande de faire une conférence dans un milieu très instruit et que je n'ai pas de diplôme à présenter. Dans le même ordre d'idées, tant de gens pensent qu'il vaut mieux être un médecin malheureux qu'un col bleu épanoui.

Le succès dans la vie n'est-ce pas d'être heureux, quelles que soient tes attentes? En règle générale, une personne au cœur joyeux et dont les pensées sont équilibrées aura plus de facilité à atteindre un épanouissement personnel et professionnel.

Ce livre te propose de faire un examen minutieux de tes priorités de vie pendant qu'il est encore temps de les revaloriser. Il t'ouvrira de nouveaux horizons et te permettra de vivre ta vie à la mesure de tes aspirations les plus nobles. Ne te fais pas prendre au piège illusoire d'un bonheur qui te tombe du ciel. Le simple désir d'être heureux ne suffit pas pour l'être. Pour y aspirer, tu dois en toute logique adopter des comportements raisonnables, des attitudes saines qui deviendront avec le temps ton mode de vie. La vie est une succession d'épreuves et nul n'est à l'abri d'aucune, mais chacun peut réussir sa vie et s'en sortir. C'est l'un des nombreux chemins pour y parvenir. À toi de découvrir les autres!

Si tu crois que ta maison luxueuse et ton mariage princier sont les plus belles preuves de ta réussite, que t'arrivera-t-il si votre union se solde par un divorce et qu'il vous faut vous répartir toutes vos possessions? Cesse de te définir en fonction des biens que tu as amassés au cours de ton existence ou selon tes relations interpersonnelles. Même si tu as réussi en affaires, ce n'est pas toujours synonyme d'avoir réussi ta vie pour autant. Tu n'as qu'à lire les journaux à potins sur les gens riches et célèbres pour en conclure que d'être riches et admirés par plusieurs n'est pas une garantie d'être dotés de valeurs saines ni de développer par le fait même l'épanouissement personnel d'un talent ou d'un art de vivre.

Lors d'une consultation, un homme d'affaires m'a fait part de ses nombreux projets de vie, entre autres de la construction de copropriétés luxueuses aux îles Turquoises. Il me parlait de sa femme qui était belle comme un ange et de son train de vie qui l'amenait dans les meilleurs restaurants de la ville. Tout au long de son existence, il avait cherché la réussite financière croyant ainsi y trouver le bonheur. En fait, il avait déjà réussi en affaires, c'est-à-dire dans la vie, mais il était bien loin d'avoir réussi sa vie.

Et il se retrouvait là, à l'âge de 50 ans, très malheureux, dépourvu de l'énergie nécessaire pour poursuivre la démarche qui, selon lui, prouverait qu'il avait réussi sa vie. Sa plus grande peur était de mourir jeune, comme son père, sans avoir connu le bonheur. Il était au bord de l'épuisement professionnel si bien qu'il était devenu dépendant de son travail et de sa femme. Son état de survie était le reflet de son manque d'amour pour lui-même alors que son estime personnelle tenait à bien peu de choses au fond : l'éventail des jouets qu'il avait accumulés et le regard que les autres portaient sur lui, rien de plus.

Peu de temps après notre rencontre, sa femme qui luttait elle-même pour sa survie, l'a quitté. Elle disait n'éprouver aucun plaisir, n'avait pour ainsi dire pas de loisir et encore moins d'amour ; elle ne se rappelait même pas la dernière fois qu'elle avait eu un simple éclat de rire. Devant l'évidence même de sa souffrance, il trouva assez d'humilité pour avouer qu'il cherchait finalement quelque chose qui était pourtant déjà à sa portée.

En effet, ce bonheur qui est au cœur de notre quête conti-nuelle, est là tout près, à l'intérieur de nous, attendant que nous le laissions s'épanouir. Car le bonheur ne s'achète pas, tu dois le cultiver jour après jour. Il importe avant tout que tu prennes du temps pour toi, pour jouir d'une simple marche, pour dévorer un bon livre. Prends le temps de parler avec tes amis, d'écouter le rire de ton enfant, de siroter une tisane ou un bon café. Le bonheur est bien présent dans les plus petits plaisirs quotidiens. Quand tu y penses, réussir ta vie, n'est-ce pas à la base de vivre heureux et en harmonie avec toi-même ?

Il n'est jamais trop tard pour reprendre ta vie en main, pour changer tes pensées, te repentir, te pardonner et réussir ta vie. Yvon Gervais, mon père, est décédé un an avant l'écriture de ce livre, et il était en paix avec lui-même. J'ai compris à travers ses larmes et son visage détendu, 24 heures avant son décès, qu'il avait enfin appris à lâcher prise. J'ai eu à ce moment-là une conversation avec lui que je n'oublierai jamais. Le fait qu'il s'est mis à pleurer quand je lui témoignais mon amour restera ancré à jamais en moi pour le reste de ma vie. Il n'est jamais trop tard pour vivre pleinement, pour se laisser toucher le cœur, pour être une personne de cœur.

Un jour que je faisais une promenade dans le cimetière en face de l'Oratoire Saint-Joseph de Montréal, j'ai été frappé de constater à quel point les épitaphes de noms célèbres se retrouvaient sur les pierres tombales très somptueuses. J'ai compris que, pour certains, le paraître est un mode de vie qu'ils désirent préserver même après leur mort. Il est dommage que des éléments aussi futiles que l'apparence et le matériel, qui sont pourtant de fausses croyances, passent pour plusieurs avant la famille et la santé.

Si on t'annonçait que tu es atteint d'une maladie et que ta mort est imminente, pourrais-tu mourir en paix demain, conscient et satisfait d'avoir réussi ta vie ?

Introduction

Au départ, quand j'ai amorcé la rédaction de ce livre, j'orientais mon thème central sur la mission de vie : ce qu'elle est et comment on peut la faire émerger de soi. Peu à peu, après y avoir beaucoup réfléchi, mes idées se sont précisées. J'ai donc décidé d'élargir le propos et de traiter davantage du fait de réussir sa vie. À mon avis, les deux thèmes sont intimement liés, mais je me sentais plus à l'aise de développer sur le fait de « réussir sa vie », qui englobe de multiples aspects. Il se greffe à tout cela plusieurs chemins d'équilibre à atteindre pour y parvenir, dont la mission de vie est un pôle important.

Pour ma part, j'ai découvert assez tôt au cours de mon existence, en fait depuis ma plus tendre enfance, que je suis habité de la volonté d'aider mon prochain. Quand j'étais très jeune, ce sentiment me portait à faire de petits gestes de partage sans que je réalise vraiment à cette époque que je répondais en quelque sorte à mon appel dans ce monde.

Je prenais soin de mes frères comme si j'étais leur père, je les emmenais à la pêche et en randonnée à bicyclette. J'avais le désir de me dévouer pour les autres. Et cela pouvait être des gestes aussi simples que de tondre le gazon des voisins durant une journée entière. Plus tard, j'ai travaillé dans un centre pour personnes âgées, tout en rêvant un jour d'être pompier. Puis finalement, je suis devenu policier.

J'ai compris que ta mission de vie n'est pas quelque chose que tu dois attendre. Comme la vie, elle est déjà en toi. Tu ne sais peut-être pas où tu en es en ce moment dans les bouleversements de ton existence. Prends bonne note cependant que, même si tu entreprends la lecture de ce livre en étant très blessé sur le plan émotif et souffrant, ce vide intérieur que tu ressens peut favoriser ta croissance à un niveau très profond. Alors, comme tu vois, rien n'est perdu. C'est souvent entre ces deux pôles, soit celui de l'inspiration ou du découragement, qu'un éveil spirituel peut faire éclore ta mission de vie.

Je crois qu'il est important pour toi de trouver quelle est ta mission pour que tu vives pleinement avec le sentiment d'avoir réussi ta vie. À quoi bon travailler dur toute ta vie durant et arriver au bout du chemin avec l'impression d'être passé à côté de ce qu'on attendait de toi et de ce que tu espérais toi-même faire de ton existence? Joseph Jaworski a d'ailleurs écrit sur cette question : « J'ai découvert que les gens n'ont pas vraiment peur de mourir, ils ont plutôt peur de mourir avant d'avoir vécu leur mission et sans avoir laissé une véritable contribution en ce monde. »

Il arrive souvent que les gens qui reçoivent un appel intérieur choisissent inconsciemment un emploi qui leur permettra de vivre leur mission et ainsi réussir leur vie. C'est ce qui survient chez le violoniste, dont la mission est de faire vibrer l'amour dans le cœur des gens, et qui travaillera plus tard pour un grand orchestre symphonique. Le choix de ton emploi est assurément plus qu'une simple coïncidence.

Lorsque j'étais policier, j'ai assisté un jour à une conférence de croissance personnelle afin d'apprendre à m'aimer et à me connaître davantage. J'avais alors des problèmes de dépendance affective, de consommation d'alcool et un manque flagrant d'estime personnelle. Comme j'en étais de plus en plus conscient, j'avais décidé de reprendre ma vie en main.

Peu après cette conférence, j'ai perçu un éveil d'amour de moi-même, ce qui m'a permis d'être plus en harmonie avec ma vocation, même si ma présence à cette conférence a suscité plusieurs jugements de la part de certains confrères de travail. Ils ne comprenaient tout simplement pas ma démarche personnelle. De plus, comme j'avais vécu cet éveil spirituel, j'ai réalisé au fond que ce que mes confrères de travail pensaient de moi n'était plus important à mes yeux. J'en avais vu d'autres puisque dans ce poste de police où je travaillais, la jalousie, les jugements et la souffrance étaient palpables parmi plusieurs.

D'ailleurs, je savais que j'étais le genre à vouloir sortir de l'ordinaire et changer les choses, aussi ai-je commencé à aider les gens qui étaient blessés intérieurement par des conversations stimulantes lors de mes interventions policières. Je me suis aperçu que plusieurs se libéraient peu à peu de leurs souffrances à me parler. J'ai compris que, tout comme moi, ils étaient aussi malades que les non-dits de leur cœur.

Plusieurs années sont passées avant que je décide moi-même de donner une conférence de croissance personnelle. Et puis le 29 octobre 1995, j'ai fait la location d'une salle d'un hôtel situé dans la ville où j'étais policier pour y présenter ce que j'avais préparé après de nombreuses lectures. Il n'a pas fallu longtemps avant que je me fasse dire, au travail, que de donner des conférences me plaçait en conflit d'intérêts, car certains des participants étaient connus du milieu policier. J'en étais évidemment conscient, car par le passé, j'avais mis certains d'entre eux en état d'arrestation. J'ai ensuite commencé à percevoir une forme de dédain de la part de quelques collègues par rapport à ma présentation. Des notes sarcastiques que je retrouvais dans mon tiroir au bureau me le confirmaient.

Un des commentaires reçus me disait de me rappeler que j'étais policier et non travailleur social, que ce n'était pas mon rôle d'aider des criminels de cette façon. J'avais sans cesse l'impression de nager à contre-courant. J'ai su alors que quelque chose devait changer, sinon il me faudrait sérieusement repenser à ma façon de gagner ma vie si je voulais préserver ma mission. Pour donner suite à d'autres conférences qui ont été bien accueillies par le public, j'ai résolu que je pouvais très bien en faire une carrière et vivre alors ma mission plus aisément.

J'ai ensuite quitté mon emploi de policier, et depuis, j'ai présenté pas moins de 2000 conférences partout en province. Ce qui est le plus amusant, c'est que la majeure partie de ma clientèle aujourd'hui, ce sont des gens qui touchent de près ou de loin au milieu policier. Un soir, entre autres, alors que je donnais une conférence-spectacle au Théâtre Saint-Denis de Montréal, j'ai eu le privilège de reconnaître dans la foule un de mes anciens patrons de la police. Cela venait réaffirmer que, dans la vie, si tu avances et tu progresses grâce à tes croyances, les autres vont s'en rendre compte et s'ajuster avec le temps.

Je donne aussi des conférences à des organismes gouvernementaux, autant provincial que fédéral, et ce, dans plusieurs ministères afin de sensibiliser les employés à l'importance du bien-être de chacun dans son milieu de travail. Mon emploi du temps planifié un an d'avance prouve bien que ma mission de vie répond à une demande.

C'est d'ailleurs avec le désir de rejoindre plus de gens possible, dans l'optique d'accroître la portée de ma mission, que j'ai décidé d'écrire des livres. *Réussir sa vie: Les chemins vers l'équilibre* étant le quatrième publié chez le même éditeur. De cette façon, je laisse ainsi ma marque dans le cœur de ceux et celles qui n'ont pas eu la chance d'assister à ma conférence et qui y retrouvent les principaux thèmes que j'y aborde; sans compter que je peux propager par le fait même mon message dans toute la francophonie, là où mes ouvrages sont distribués.

Si ta mission dans le but de réussir ta vie n'est pas encore très précise dans ton esprit, je te propose avant tout d'apprendre à te connaître et à t'aimer pour que tes désirs de vie les plus profonds s'éveillent et te guident sur les chemins de l'équilibre. En ce qui me concerne, j'avoue que la route empruntée pour pratiquer mes activités professionnelles actuelles n'a pas été des plus faciles. Quoi qu'en disent certains, le succès est rarement instantané. J'ai dû retrousser mes manches à plusieurs reprises et persévérer.

Toutefois, ce qui m'a aidé, c'est le plaisir d'apprendre sur moi-même tout en aidant les autres. Ne dit-on pas qu'une vie épanouie et réussie réside dans les relations que l'on entretient avec les autres et soi-même ? J'ai entendu souvent le compliment suivant qui disait combien mes conférences étaient captivantes. J'en ai déduit que si un sujet m'intéressait personnellement, je parvenais ensuite à l'exprimer de façon à susciter l'intérêt chez mon auditoire.

Aujourd'hui, pour t'aider à découvrir si ce que tu fais te passionne, regarde-toi dans un miroir en train de parler de ton emploi ou de celui que tu aimerais occuper, et constate si la perspective d'exercer cette mission de vie pendant un certain temps t'enthousiasme. Ensuite, toujours devant ton miroir, parle de ta relation amoureuse ou de ton célibat et exprime ce que cela t'apporte dans ta vie actuellement. Cet exercice est souvent très révélateur.

Tout comme moi, tu as sûrement eu un professeur qui n'était pas pédagogue pour deux sous, et qui visiblement s'était trompé en choisissant sa mission de vie. Il est difficile d'apprendre d'un professeur qui n'aime pas enseigner, car ses leçons sont dépourvues de passion, de tonus. Et un message sans vie n'est pas un message propulsé par une mission de vie solide et bien sentie.

Réussir sa vie présente donc des étapes à mettre en pratique pour t'aider à trouver ta mission, à la réaliser et par conséquent à réussir ta vie. Mais bien avant que ta mission de vie émerge, il est souvent nécessaire de te retrouver d'abord et de chercher à maintenir ton équilibre intérieur. Prends bonne note que si tu es bien préparé, quand le train passera sur ta route, mieux vaudra pour toi d'avoir de bonnes énergies pour t'investir, sinon tu resteras en plan sur le quai de la gare.

Plusieurs s'entendent pour dire que j'ai bien choisi ma mission dans la vie, mais il me semble que si on tient compte de toutes les coïncidences et les circonstances autour pour y arriver, que c'est elle qui m'a choisi. Comme le chante si bien Francis Cabrel : « La vie te donne ce que t'attends d'elle. »

Je dédie ce livre à tous ceux et celles qui sont en quête de leur raison d'être ou du sens à donner à leur existence. Je le dédie aussi à toi qui aspires de tout ton cœur à réussir ta vie. Tu devrais y trouver un bon nombre d'éléments pour étoffer et enrichir ta démarche. C'est du moins ce que je te souhaite.

*Ne laissez pas vos regrets prendre la place
de vos rêves. Ayez le courage de prendre
le contrôle de votre vie. Ayez le courage de
prendre la responsabilité de votre destinée.*

Si toi aussi

Si toi aussi ça te tient à cœur
Un monde meilleur un meilleur vivre
Faisons ensemble les pas qu'il faut
Pour nous rejoindre dans nos vies
Soyons simples, soyons nous-mêmes
Pour faire ensemble de notre monde
Un lieu pour être à l'aise
Pour chacun d'exprimer ses pensées et ses rêves

Si toi aussi tu perds espoir
Bien plus souvent qu'à ton tour
Donne-moi la main restons dociles
À ce qui brille dans nos yeux
Je t'aime tout est possible
Quand des humains l'un pour l'autre
Échangent dans leurs yeux
L'espace d'un instant tout l'espoir d'un regard vrai

Si toi aussi tu cherches ta paix
Dans l'harmonie avec les autres
Brisons la glace oui faisons face
À notre besoin de partager
Faisons crédit à notre envie
Soyons de ceux qui n'ont pas peur
De faire vibrer leur cœur
Pour répandre de la chaleur dans ce monde qui pleure

Si toi aussi tu veux de la joie
Si toi aussi tu as la foi
Chante avec moi de toute ta voix
On allégera bien nos croix
Oui ensemble, on peut tout faire
Si on décide que c'est possible
Des humains qui se tiennent
S'entraident et se comprennent
Qu'arrive ce qu'il advienne.

PAROLES ET MUSIQUE : JEAN-PIERRE MANSEAU
Auteur-compositeur-interprète
de Théo et Antoinette,
un classique de la chanson québécoise

Le chemin
de la responsabilisation

JE ME RESPONSABILISE

Tu ne nais pas responsable, tu le deviens. Pouvoir répondre de ses actes devant soi-même et autrui, voilà ce que c'est qu'être responsable. À vrai dire, si tout le monde était responsable, plusieurs avocats de la défense perdraient leur emploi et notre gouvernement économiserait des milliards de dollars en procédures judiciaires. Il est important de prendre tes responsabilités et d'assumer tes choix de vie avec maturité.

Lors d'une conférence, une femme attribuait à la crème glacée ses kilos de graisse en trop. «Quel triste accident!» lui ai-je répondu, comme si ces kilos étaient tombés soudainement du ciel. As-tu déjà remarqué que les gens qui consomment de la malbouffe sont en majorité déjà obèses? Quand ils seront malades, ou après avoir subi une augmentation de poids ou une aggravation de leur diabète, ils condamneront peut-être eux aussi les restaurants.

Tu es responsable de ta santé, de ton bien-être, de ton emploi, de ta famille et de tes choix de vie. Tu es responsable des paroles que tu prononces et des conséquences qui en résultent. Combien de relations amoureuses ou amicales se terminent par une prise de bec qui tourne en véritable dispute?

Dans un de ses livres, *La Vraie Morale se moque de la morale*, Alain Etchegoyen évoque que pour devenir responsable, cela

suppose une détermination que l'on nomme parfois engagement. Quand on lui demande si les femmes sont plus responsables que les hommes, il n'hésite pas à se prononcer : « Elles le
sont et c'est la raison principale pourquoi les femmes en
général ne font pas de politique. Elles ressentent beaucoup
plus vivement que les hommes leurs responsabilités familiales. »

As-tu déjà pris conscience qu'un être humain a la capacité
d'être à la fois intelligent et ignorant dans un court laps de
temps. Combien de docteurs et d'infirmières, travaillant dans
des hôpitaux où l'on traite des cancéreux, sortent pour fumer
une cigarette pendant leur pause ? Certains vont même jusqu'à
qualifier cette habitude nocive par de tels mots : « Je vais aller
en fumer une bonne ! » Pourtant, il n'y a rien de bon dans cette
dépendance.

À vrai dire, le fait d'être entourés de gens malades qui
luttent contre le cancer devrait les ébranler fortement et les
aider à se responsabiliser à l'égard de leur propre santé. Ce n'est
pas le cas ! Je me suis toujours demandé pourquoi le cannabis
était illégal alors que nous pouvons acheter partout légalement
des cigarettes. As-tu déjà entendu dire qu'une personne était
morte d'avoir fumé du pot ? Cela arrive très rarement. Sois assuré
que je n'encourage nullement la consommation de pot, mais je
prédis qu'un jour, quand des taxes seront perçues sur ce produit
de consommation, il deviendra légal lui aussi.

À l'époque où j'étais policier, j'ai participé à des arrestations et à une descente de police pour arrêter des propriétaires
de dépanneurs et de bars. Ils permettaient d'engager des paris
d'argent, sur place, dans des appareils de vidéopoker. Les gens
reconnus coupables ont encouru des amendes très salées. La
réputation d'un certain accusé, connu dans la municipalité sur
le plan politique et dans le domaine des affaires, a été salie
dans cette histoire.

Il est étrange de constater aujourd'hui que le gouvernement s'est donné le droit de réintroduire dans ces mêmes

endroits, ces mêmes appareils qu'il considérait comme illégaux autrefois. À présent, le gouvernement les a légalisés à condition que les bars remettent une partie de leurs recettes à Loto-Québec. Dans le milieu du crime organisé, on appelle cela « verser sa contribution d'usage ».

Selon moi, Loto-Québec est irresponsable de permettre et d'encourager cette dépendance qui cause des centaines de suicides et de divorces chaque année. Parfois, c'est en travaillant pour la justice que tu peux reconnaître l'injustice. Si on avait des politiciens responsables, prêts à servir le peuple et à prendre des décisions productives dans l'intérêt des gens, et non pas pour être seulement populaires en vue d'une prochaine élection, imagine à quel point ce serait formidable !

J'ai toujours dit que les décisions politiques importantes sont rarement prises juste avant une élection. Vois-tu, bien des gens négligent également leur responsabilité d'électeurs, car seulement la moitié des citoyens vont voter. Cela en dit long sur l'avenir de notre démocratie. Combien de propriétaires de centres de conditionnement, poids et haltères, glorifient le bien-être et la bonne forme physique tout en offrant et vendant des stéroïdes à l'intérieur même de leurs établissements ?

Combien de gens vont travailler pendant toute une vie et dépenser chacune de leur paye sans jamais être capables d'investir dans un régime de retraite complémentaire ? Ils vont débourser impulsivement pour des tas de choses inutiles sans jamais parvenir à se payer une maison pour assurer la sécurité de leurs vieux jours.

Combien de gens se savent atteints du sida et continuent de propager cette maladie en se taisant ? Leur dépendance sexuelle et leur plaisir sensuel sont plus forts que la responsabilité qu'ils devraient éprouver envers autrui. Un jour, un homme m'a demandé si je pouvais l'aider malgré le fait qu'il n'avait pas d'argent pour payer son entrée à ma conférence. J'ai accepté avec plaisir comme presque toujours.

Je dis «presque toujours», car je ne suis pas du genre à aider financièrement une personne qui fume la cigarette ou qui consomme de l'alcool. Je me dis tout simplement: *«S'il a des sous pour se nuire, il trouvera des sous pour s'aider.»* Il est bon de responsabiliser et non d'encourager la personne irresponsable à continuer ce processus d'autodestruction. Au fond, le contraire d'être responsable, c'est d'être immature et quelque peu lâche.

Combien d'accidents attribuables à la conduite en état d'ivresse tuent plusieurs innocents chaque jour? Nous pouvons imposer des peines de prison très sévères ou la perte du permis de conduire pour plusieurs années, mais ces mesures ne seront jamais suffisantes pour responsabiliser les irresponsables. Dans ce but, on essaie, par des publicités, de responsabiliser familles et amis en retirant à toute personne ivre ses clés de voiture.

Il existe aussi cette nouvelle loi en vigueur au Canada qui rend le propriétaire d'un bar responsable de la quantité d'alcool qu'il sert à ses clients. Dans l'éventualité d'un accident mortel, le propriétaire de cet établissement est maintenant en partie responsable et pourrait perdre à la fois son commerce et se voir imposer des sanctions pénales. Le gouvernement a simplement conclu que l'ivrogne est à ce point irresponsable qu'il fallait tenter de responsabiliser les gens autour de lui pour diminuer les récidives.

Il existe une très grande différence entre le concept juridique de la responsabilité et son contexte moral. Malgré tous ces programmes de sensibilisation, l'alcool demeure une des grandes causes de décès au Canada. On responsabilise les gens à ne pas conduire plutôt qu'à ne pas boire. Combien de gens meurent chaque jour à cause de l'alcool, par suite de complications de santé indirectes?

N'oublions pas que c'est encore le gouvernement qui permet et contrôle la vente d'un tel produit, lequel est distribué à grande échelle dans notre pays. La responsabilité du gouvernement s'arrête où exactement ? Si je peux actionner le propriétaire de l'établissement qui a vendu trop d'alcool à mon fils, pourrais-je ensuite poursuivre en justice le gouvernement qui a accordé un permis à cet établissement ? Je ne crois pas, et vous ?

Combien de gens vont arriver en retard à leur travail, plusieurs fois par année, en attribuant cela à leur réveille-matin ? Combien de fois dans ma vie ai-je parlé à des couples, en instance de divorce, persuadés tous les deux d'avoir raison quand ils racontaient leur histoire ? Dans ce type d'intervention, je cherchais toujours la troisième histoire, celle qui est cachée.

C'est comme le patron irresponsable qui s'empresse de dire que ses subalternes sont responsables du problème quand la situation se corse, se complique. Certains préfèrent jeter rapidement le blâme sur d'autres pour s'en laver les mains : tu n'as qu'à penser à la faillite de Norbourg au Québec ou au scandale des commandites attribuable au parti libéral du Canada. Sur ces questions, personne ne croyait avoir fait quelque chose de mal, mais des millions de dollars avaient disparu comme par enchantement.

Avez-vous déjà eu une relation amicale ou amoureuse avec un toxicomane irresponsable qui refuse de s'aider ? Ses paroles ne l'engagent jamais et ses prétextes se multiplient avec les années. Le problème ici est le suivant : trop souvent les gens qui vivent dans l'entourage d'un être irresponsable développent une dépendance envers lui. Avec le temps, la personne dépendante de cet être irresponsable peut aller jusqu'à normaliser le problème et se dire que tout devient normal quand on a un bon prétexte.

Certains considèrent qu'il est normal de trop boire d'alcool, au point d'en être malade quand c'est notre anniversaire. D'autres affirment qu'il est normal de prendre de la drogue à l'occasion d'une fête où tout le monde en consomme. Le fait de se retrouver dans un groupe dilue souvent cette responsabilité que nous devons assumer. Quand j'arrêtais un automobiliste pour excès de vitesse, il arrivait très souvent qu'il me dise avoir le droit d'aller plus vite, car il suivait l'auto qui le précédait.

Soit dit en passant, le toxicomane non rétabli ne manquera jamais de prétextes. Si tu vis une situation de dépendance à l'égard d'un être irresponsable, prends le temps d'en parler à un confident et va chercher de l'aide. Cette forme de dépendance est un problème courant et il faut cesser de se définir soi-même en fonction des problèmes d'autrui. Laisse donc les lâches vivre leur lâcheté entre eux, et je te suggère fortement de reprendre le contrôle de ta vie.

Plusieurs personnes vivent avec un toxicomane non abstinent ou avec un dépendant affectif en manque d'amour. Elles peuvent être manipulées par ces derniers et être forcées de subir des peurs, des trahisons, des inquiétudes, des attentes et des déceptions, jour après jour. Avec le temps, cet être souffrant va parvenir à entraîner sa famille, ses amis et des inconnus dans son cirque émotif. Il va emprunter de l'argent à des gens qu'il dit aimer sans les rembourser.

Il va mentir à tour de bras pour arriver à ses fins : se loger et se nourrir. Il va tenter de culpabiliser les gens autour de lui qui l'ont écarté de leur vie après l'avoir pris sous leur responsabilité pendant un certain temps. Puis, à 40 ans, sans emploi, sans amis ou logement, il va finir par manipuler ses parents pour qu'ils le reprennent chez eux et il va empoisonner à nouveau leur existence. Le pouvoir qu'il exerce sur ses parents va se cimenter le jour où ils vont croire à ses promesses une fois de plus.

Un jour, dès que les parents feront face à une nouvelle déception de la part de leur fils, le cycle de «plaisirs souffrances» sera de nouveau omniprésent. Pour les parents, le fait de pardonner une telle souffrance dans un pareil scénario ne signifie pas nécessairement une réconciliation assurée. Il faut comprendre que nous avons d'autres choix. Pardonner ne veut pas dire devenir ignorant pour autant. Pardonner est une forme de détachement émotif qui te permet de retrouver ta paix intérieure.

Dans le passé, j'ai déjà écarté de ma vie une connaissance qui consommait de la drogue sans vouloir s'aider. Cette décision a été pour moi l'un des plus beaux gestes d'amour que je me suis offert. Rien que d'y penser aujourd'hui me rend fier d'avoir agi ainsi. Je souhaite à cet individu de l'amour et un rétablissement empreint de maturité, car lui aussi a le droit d'être heureux. Ce sont parfois les décisions les plus difficiles qui te font avancer davantage.

Il arrive souvent que certaines personnes gèrent mal leurs responsabilités. Prends pour exemple cette personne qui travaille comme bénévole et qui organise une collecte de fonds pour une famine en Afrique, tout en négligeant ses enfants à la maison. Je crois que la famille est d'abord et avant tout le tout premier domaine sur lequel notre responsabilité doit s'exercer.

Alain Etchegoyen a écrit : « De quoi sommes-nous responsables ? D'abord de nos enfants et de notre famille. Qu'elle soit traditionnelle ou recomposée, c'est notre première responsabilité, car elle est immédiate. » Avoir le sens des responsabilités est une qualité trop souvent oubliée quand nous sommes à la recherche d'un partenaire de vie. Généralement, le conjoint qui ne s'aime pas lui-même n'a pas beaucoup le sens des responsabilités.

J'aimerais te dire à toi qui es à la tête d'une famille monoparentale que tu as une grande responsabilité envers tes enfants. Tu dois les protéger et leur fournir un lieu propice à leur épanouissement personnel. Fais attention aux fréquentations indésirables. Ne présente pas n'importe qui à tes enfants et ne les précipite pas dans des situations qui pourraient être dangereuses pour leur bien-être psychologique et physique. Tu dois absolument assumer tes responsabilités en tant que parent si tu veux donner une stabilité affective à tes enfants.

N'oublie pas que tu es leur modèle, car c'est toi le parent et non le contraire. Méfie-toi des relations «plaisirs souffrances» et de dépendance affective que tu pourrais entretenir. Tes enfants vont apprendre à aimer selon ton modèle et ton exemple. Ton rôle de parent devrait toujours être plus important que tes désirs affectifs ou sexuels. Un enfant s'attache très vite pour combler son manque affectif! Ne déprécie jamais son petit cœur vulnérable!

Dans le cas d'une séparation, tu devrais ne souhaiter que de l'amour à ton ex-conjoint, car tes enfants t'écoutent. Souhaite-lui aussi de rencontrer une très bonne personne lors de sa prochaine relation amoureuse, car cet être aura beaucoup d'importance dans la vie de tes enfants. Démontre à tes enfants qu'il est possible de préserver du respect et même de l'amitié après une rupture amoureuse.

Bien souvent, une rupture est le véritable test d'une amitié sincère ou non dans un couple. Apprends à tes enfants l'importance du pardon et de la croissance personnelle. Démontre-leur qu'on ne règle pas la haine par la haine et, surtout, ne néglige pas de les nourrir sur le plan affectif même si ton cœur est blessé.

Certaines personnes ont vécu un divorce moins difficile grâce à la relation très saine qu'elles entretiennent avec leurs enfants. Si tu souhaites avoir des enfants responsables, cela ne dépend que de toi. N'oublie pas que tes enfants arrivent en ce monde sans aucune responsabilité. Ils doivent être éduqués jour après jour, et avec le temps ils auront un mode de vie exemplaire conformément à ton enseignement.

Si un jour notre petite fille Laurence me demande de lui acheter une bicyclette, je vais sûrement lui en procurer une avec plaisir. D'un autre côté, il va falloir qu'elle fasse la vaisselle avec sa mère pendant quelque temps pour la mériter. Je veux lui enseigner ce qui l'attend dans la vraie vie. Quand j'avais 12 ans, je livrais des journaux et je faisais le travail de deux camelots pour m'acheter un jour une moto.

J'ai travaillé dur chaque soir après l'école et le samedi matin. À 16 ans, je peux vous dire que j'ai apprécié ma motocyclette, car je l'avais gagnée par mes propres moyens. Aujourd'hui, je sais que le talent que j'ai pour les affaires a été modelé par tous les efforts que j'ai mis à apprendre et à travailler dans plusieurs emplois. Demande donc à une personne qui a du succès ce qu'elle a fait pour l'obtenir.

Bien souvent, cette personne te dira qu'elle a fait pendant longtemps tout ce que les gens n'aiment pas faire avant d'avoir enfin la vie plus facile. Le succès instantané est très rare et, pour réussir, il ne faut pas avoir peur de travailler. Occuper un emploi est un bon moyen de se responsabiliser à long terme. Ce n'est pas pour rien que les banques aiment connaître le nombre d'années que vous occupez le même emploi avant de vous prêter de l'argent. Changer ou perdre ton emploi à tous les six mois en dit long au sujet de ton sens des responsabilités.

NUL NE PEUT T'AIDER SAUF TOI-MÊME

Le simple désir de changer ta vie pour le mieux est rarement suffisant pour y parvenir. Tu dois le vouloir profondément et assumer un engagement réfléchi et mûri qui procède de ton for intérieur. Parfois, une émotion forte relativement à du découragement ou à de l'inspiration peut devenir un bon moteur de motivation, pouvant stimuler un changement à long terme. Décider de changer n'est pas trop difficile, mais s'adapter aux changements l'est davantage.

Pour bien comprendre, demande-toi combien de fois un ami ou toi-même avez réussi à respecter une résolution du premier janvier? Combien de gens dans ton entourage ont échoué un régime pour maigrir? Combien de séparations amoureuses sont suivies par de multiples réconciliations au fil des ans? Est-ce pour faire perdurer ce genre de souffrances pendant plusieurs années? Pourquoi donc cette incapacité à s'en tenir à un changement à long terme?

Certains raisonnements peuvent expliquer ce phénomène. Premièrement, trop de gens n'ont pas la volonté sincère de persévérer dans un changement. D'autres ressentent une peur et un inconfort à sortir des sentiers battus. Parfois, il s'agit simplement d'un manque de discipline, de persévérance ou de maturité. De temps à autre, l'explication est plus élémentaire : oui, les gens sont souvent paresseux de nature.

As-tu déjà vu une personne avec une petite roche dans sa chaussure ? Elle va parfois frapper le talon de sa chaussure contre le sol pour déplacer légèrement cette roche. Ne serait-il pas préférable d'enlever la chaussure et de régler le problème une fois pour toutes ? Tous ces éléments pris en considération peuvent faire en sorte qu'un engagement ne dure pas très longtemps. Selon les statistiques, on nous annonce que trois mariages sur cinq sont des échecs. Imaginons le nombre de mariages ratés qui ne sont même pas inclus dans ces chiffres.

J'ai toujours été étonné par certaines gens qui assistent à mes conférences. Ils me confient avoir peur de se connaître, mais de ne pas avoir peur de se mettre de la cocaïne dans le nez. À une certaine époque, un motard est venu assister à ma conférence à trois reprises, puis il est reparti chaque fois sans dire un mot. Un jour, il a réussi à compléter notre programme et il m'a dit qu'il avait peur de l'inconnu. Oui, à vrai dire l'inconnu fait peur à plusieurs.

Penses-tu qu'on a peur de mourir ou de l'inconnu ? Souvent, derrière une certaine peur se cache cette peur de l'inconnu. Pour d'autres, c'est la peur de la solitude qui domine. D'un autre côté, quand tu es bien avec toi-même, la solitude devient alors un moment privilégié, consacré à toi seul. Une peur peut changer dès l'instant qu'on l'apprivoise. Combien de gens ont peur d'aimer ? Pourtant, c'est sûrement une des plus belles choses au monde !

Dans le fond, comme je l'ai mentionné plus haut, derrière cette peur se cache souvent une autre peur. Les gens qui ont peur d'aimer ont habituellement peur de l'abandon. Les gens qui ont peur de l'attachement ont souvent peur de perdre leur liberté. Les gens qui ne veulent pas fonder une famille ont souvent peur d'assumer de telles responsabilités.

As-tu déjà entendu parler du cas typique de l'alcoolique qui fait maintes promesses d'arrêter sa consommation en reconnaissant finalement que son attitude nuit à sa famille. Mais pourquoi donc 25 ans de promesses sans en arriver à changer? Trop souvent, le problème réside dans ce qui nous amène à nous motiver. Si le changement souhaitable se fait par réaction, c'est-à-dire pour plaire aux autres, le changement sera presque toujours passager.

Un changement, pour être durable, doit être fait pour nous-même et par nous-même. Si tu me demandes de t'aider, la première condition est que tu acceptes avant tout de t'aider. Il est triste de constater que certaines personnes attendent de perdre leur dignité, leur santé, leur emploi et leur famille avant même d'envisager un changement. Dans certains cas, si la personne ne veut pas s'aider, elle restera en mode de survie toute son existence.

Certaines personnes ne modifieront jamais un comportement destructif, car sans volonté, aucun changement n'est possible. On ne trompe pas quelqu'un, on ne trompe que soi-même. Se dire incapable de changer à cause d'un passé trop lourd d'émotions et d'épreuves n'est qu'un prétexte de plus. Je ne crois pas qu'une souffrance doive durer une vie entière à moins que tu le veuilles ainsi.

Il serait grandement temps pour certains d'apprendre à se pardonner et de pardonner à leur passé afin de se donner une chance d'évoluer plus sainement. Certains décident de vivre leur vie, d'autres ne font qu'exister. Le cours du temps ressemble beaucoup à la marche d'un bateau sur l'océan, écrit Alan Watts dans *L'Envers du néant: le testament d'un sage*. Derrière le bateau, un sillage semblable à notre mémoire du passé nous dit ce que nous avons fait.

Mais aussi loin que nous remontions dans le passé, même jusqu'à la préhistoire, il arrive finalement un moment où toutes ces traces ont complètement disparu, comme le sillage du bateau. Il est important de retenir de cet exemple que le sillage ne fait pas plus avancer le navire que la queue du chien n'agite le chien. Veux-tu être une victime ou quelqu'un de responsable?

SAVOIR BIEN COMMUNIQUER

Ce n'est pas la longueur d'une allocution ou d'un livre qui témoigne de la richesse de son contenu: c'est davantage le message et la façon qu'il est communiqué. Un communicateur doit maîtriser son sujet et l'énoncer avec intérêt en s'exprimant de façon claire, structurée et imagée. Que tu prennes la parole devant mille personnes lors d'une conférence professionnelle, que tu rendes un hommage à l'occasion d'un mariage ou que tu t'adresses tout simplement à un inconnu sur la rue, il est toutefois primordial de bien te faire comprendre.

C'est ta responsabilité de faire valoir tes idées, tes opinions, tes besoins et même ton insatisfaction, s'il y a lieu. Quand tu arrives à communiquer tes contrariétés avec tact, cela t'assure à la fois une meilleure estime personnelle, un plus grand équilibre et le respect de toi-même. Comment peux-tu prendre ta place dans ce monde si tu ne parviens pas à communiquer efficacement?

Il t'arrive trop souvent de te retrouver en présence de gens qui empiètent sur ton espace vital, qui accaparent tes pensées et envahissent complètement ta vie. Tu n'es pas obligé de tout accepter. Tu dois avoir le courage de rejeter certaines opinions et accusations qui te sont imposées si cela ne correspond pas à tes propres valeurs. De plus, tu dois acquérir l'aptitude de bien communiquer les raisons pour lesquelles tu te dissocies de ces critiques.

Afin de préserver ton amour-propre, savoir communiquer tes émotions est aussi très important. Combien de fois as-tu donné l'impression de ne rien ressentir à propos d'un sujet qui soulevait pourtant les passions de tout le monde autour de toi ? Était-ce une question de pudeur de ta part ou la situation te laissait-elle complètement froid ? Ou peut-être as-tu déjà essayé de transmettre des émotions qui t'habitaient, mais tes paroles sont sorties n'importe comment, ce qui te fait hésiter maintenant à les exposer ouvertement.

Cela te démontre tout simplement à quel point il est parfois difficile de parler avec ton cœur. Plusieurs parviennent à donner libre cours à leurs peines en pleurant, mais ils sont toutefois incapables de les exprimer verbalement. D'autres arrivent à traduire leurs peines en paroles, mais ils sont impuissants à verser une seule larme. Il serait souhaitable que tu apprennes à extérioriser ta détresse selon tes besoins du moment, autant en mots qu'en émotions, et que tu puisses compter sur un ami confident à qui parler sans avoir peur d'être jugé.

Lors de mes conférences, je demande aux gens d'écrire les noms de leurs meilleurs amis confidents, ceux avec qui ils peuvent s'exprimer en toute simplicité, sans craindre le moindrement d'être critiqués ou dénigrés. Chaque fois, je suis surpris de constater qu'ils sont rares ceux qui comptent sur leur propre conjoint pour jouer ce rôle si indispensable dans leur existence. Je trouve cela tellement triste que très peu de gens inscrivent le nom de la personne avec laquelle ils partagent leur vie. Une relation amoureuse ne devrait-elle pas être fondée sur l'amitié et le respect, enflammée par l'amour ?

Assure-toi également d'avoir toute l'attention de la personne avec qui tu communiques, c'est non seulement une question de gros bon sens, mais c'est aussi une marque de respect pour toi-même. Chose certaine, quand on a le sentiment de parler tout seul, ce n'est guère stimulant ni valorisant. De nos jours, savoir bien communiquer est plus important que jamais. Un jour ou l'autre, tu as besoin de faire bonne impression, que ce soit dans le cadre de tes fonctions professionnelles ou lors d'une entrevue pour l'obtention d'un nouvel emploi. C'est alors un atout de pouvoir s'exprimer sans peur, et ce, même devant un groupe de gens.

Exerce-toi à prendre la parole devant plusieurs personnes si l'occasion se présente. Même si tu éprouves une certaine crainte au départ, prononcer un petit discours est sans contre-dit l'une des meilleures façons de rehausser ta confiance en toi. Ne refuse pas l'invitation de faire un témoignage lors d'un mariage ou même pour une oraison funèbre afin d'honorer la mémoire d'une personne décédée, par exemple. Bien commu-niquer dans de telles circonstances est beaucoup plus facile si tu laisses ton cœur parler et livrer ce que tu ressens en toute sincérité.

As-tu déjà remarqué que, pendant les soirées de gala telles que l'Adisq, lors des prix Gémeaux ou au gala des Olivier, la plupart des gagnants à leur arrivée sur scène pour recevoir leur prix ont presque tous un texte déjà préparé qui n'évoque à peu près rien pour les téléspectateurs à la maison? Cela se résume à quelques remerciements pour les artisans de l'industrie artis-tique et à: « Un gros merci à vous tous, cher public! » avant de quitter la scène. Ce sont des lieux communs, mais rien de remarquable ne ressort. Au lieu de cela, l'artiste devrait saisir cette occasion pour se livrer en tant que personne. L'humo-riste, quant à lui, continue trop souvent à jouer son rôle et se cache derrière son humour sans démontrer qui il est vraiment. Rares sont ceux qui se mettent à nu en parlant avec leur cœur et qui nous montrent leur côté sensible et humain.

En ce qui me concerne, parler devant un groupe était jadis une peur qui me paralysait. Après des milliers de conférences, j'ai acquis une telle confiance en moi-même que je me consi-dère maintenant comme une personne extravertie. Auparavant, on me reprochait d'être trop renfermé alors que maintenant on me reproche d'être trop direct.

Une idée, une pensée ou une opinion mal exprimée peuvent faire beaucoup de dégâts dans une relation. Peux-tu imaginer tous les divorces qui auraient pu être évités si ces couples avaient appris à bien communiquer entre eux? Combien de guerres sont déclarées et combien d'innocents sont tués chaque année en raison de communications rompues ou de messages mal interprétés entre dirigeants d'États? Transmettre un message avec la garantie qu'il sera bien compris est tout un art aujourd'hui.

Alors, tu imagines comment cela peut être compliqué dans la vie amoureuse avec toutes les possibilités de conflits et de ruptures parfois irréversibles. Pense aussi à tous ces enfants qui ont vu leurs parents se séparer après des prises de bec trop violentes. Il te faudrait pouvoir mesurer tes mots lorsqu'une crise de colère t'envahit et fait rage en toi, sinon tu risques de dire des choses qui dépassent largement ta pensée. Bien entendu, des paroles blessantes sont pardonnables, mais il n'empêche que les cicatrices qu'elles ont laissées dans ton cœur peuvent rester marquées toute ta vie durant.

Dès le début d'une relation amoureuse, combien de gens timides ou gênés vont dire des tas de sottises en cherchant à séduire l'autre? Leur manque de confiance en eux-mêmes fait en sorte qu'ils se sentent mal à l'aise sitôt qu'il y a un moment de silence et ils essaient de le meubler tant bien que mal. Résultat: ils bafouillent et disent n'importe quoi. C'est dans ces conditions qu'un simple compliment tout à fait banal au départ, s'il est quelque peu déformé dans l'esprit de la personne qui le reçoit, peut devenir du harcèlement sexuel. Le tout pourrait même se solder par une plainte et entraîner une perte d'emploi, alors que les paroles étaient vraiment sympathiques et formulées de bon cœur dans l'intention de faire plaisir à la personne à qui elles étaient destinées.

Quand tu fais la cour à quelqu'un, tu te sers parfois de jeux de séduction qui ne permettent pas toujours à l'autre de deviner ta réelle intention. Et c'est réciproque de part et d'autre. Par exemple, si l'homme que tu cherches à mieux connaître te dit qu'il a faim, est-ce une façon de te faire savoir qu'il aimerait aller prendre une bouchée avec toi ou préférerait-il que tu l'invites chez toi et lui prépares quelque chose à manger ? Si la jeune femme que tu viens de rencontrer te dit qu'elle a froid, veut-elle au fond que tu te rapproches et que tu l'étreignes pour la réchauffer ?

Est-ce que ton sourire se veut une forme d'avances sexuelles ou plutôt une simple politesse ? Derrière ta demande d'aller prendre un café, y a-t-il une intention de vouloir échanger un peu d'affection ou est-ce le désir d'engager une bonne conversation dans l'espoir de faire plus ample connaissance avec l'autre ? As-tu déjà accepté d'aller prendre un café chez quelqu'un pour te rendre compte quatre heures plus tard que tu n'as toujours pas siroté ton café ?

Que veut dire pour certains l'affirmation : « Je suis fatiguée ! » En général, le message revêt au moins deux sens. Ou bien il traduit une envie d'aller au lit et c'est en quelque sorte une invitation, ou encore c'est une façon polie de signaler à l'autre qu'il est temps de partir, car il se fait tard. Quoi qu'il en soit, les relations et les conversations où l'on doit constamment deviner l'intention de l'autre sont vraiment pitoyables. Dans cette optique, il est clair que la capacité de bien communiquer est un outil de séduction aujourd'hui, car plusieurs adorent être stimulés intellectuellement et entretenir de belles conversations intelligentes. Bien communiquer est aussi un atout indéniable pour bien réussir en affaires.

Dans ma carrière de policier, je devais parfois poser dix questions pour avoir enfin une moitié de réponse. Quand tu enquêtes sur le plan criminel, ce genre de questionnement est normal, mais avec ta conjointe, c'est loin d'être nécessaire. Pour obtenir une réponse claire, tu dois apprendre à poser la bonne question. Si un jour tu échanges avec une personne et qu'après cinq questions très précises il ne te répond pas encore directement, dis-toi que cette personne a quelque chose à cacher ou bien elle est peut-être malhonnête. Une personne qui ne cherche pas à dissimuler quoi que ce soit va répondre simplement à ta question en te regardant dans les yeux.

Je n'oublierai jamais l'épisode d'un ancien président des États-Unis qui disait à la télé qu'il n'avait jamais eu de rapports sexuels avec une de ses stagiaires, tout en faisant un oui de la tête, dans un mouvement affirmatif. Ses paroles disaient non, mais sa tête disait oui. Apprends à observer le non verbal lors de tes conversations. N'oublie pas que l'admission involontaire de la vérité se révèle à travers tes émotions.

Lors d'une conversation, si tes paroles ou tes questions touchent une corde sensible chez l'autre, tu vas percevoir une réaction parfois minime dans le visage, les yeux ou la tonalité de la voix. En d'autres circonstances, c'est comme si tu réveillais un volcan avec toutes les éruptions qu'on peut soupçonner. Pour illustrer mon propos, imagine que tu parles à un homme jaloux, devenu célibataire depuis peu, car sa conjointe l'a quitté pour un autre, et que tu lui dises avoir vu son ex-femme au restaurant avec son nouveau copain. Les émotions que tu as engendrées en lui faisant cette remarque peuvent être tellement intenses que le ton de la communication va changer radicalement.

Je suis convaincu que quelqu'un qui te sait foncièrement jaloux et contrôlant dans tes relations amoureuses ou amicales va éviter de te faire part de telle ou telle chose, quitte à te mentir lors d'une conversation, pour ne pas attirer tes foudres et subir ton déversement d'émotions malsaines et déchaînées. Tu n'as pas à recevoir le lot de ces réactions démesurées immatures et trop émotives.

Si tu es la conjointe d'un mari jaloux et que tu rencontres par hasard un confrère de travail au petit café du coin, tu te garderas bien de parler à ton conjoint de cette conversation amicale de deux minutes tout au plus que tu as échangée avec ton collègue. Pourquoi agis-tu ainsi ? C'est que tu sais très bien que d'avouer à ton mari quelque chose d'aussi banal va déclencher un accès de colère sans commune mesure de sa part, et que c'est toi qui en seras punie au bout du compte.

Tu ne peux pas être à l'aise de parler avec une personne jalouse qui traduit dans ses crises toute son insécurité. Et Dieu sait combien il y a de gens anxieux aujourd'hui. Plus une personne souffre d'une insécurité maladive, plus elle peut poser de questions irrespectueuses afin d'exercer un contrôle ferme sur la personne qu'elle dit aimer. Par exemple : «Où étais-tu ce soir ?» «Avec qui as-tu eu des relations sexuelles par le passé ?» «Connais-tu cet homme qui semble s'intéresser à toi à ton bureau ?» Le jaloux peut aussi communiquer sa peur et sa rage par ses yeux, un regard dur, un soupir hargneux, ou un silence obstiné immature de bouderie.

Dans une liaison marquée par la jalousie, il manque cet élément relationnel de base qui est la confiance. Avec le temps, la jalousie éteint l'amour et l'indifférence affective et amoureuse s'installe dans le couple. Le jaloux, n'admettant pas qu'on le rejette, sera des plus frustrés lors d'une séparation. Cette perte de contrôle de l'autre explique plusieurs drames conjugaux aujourd'hui. C'est pourquoi je t'assure que tu dois faire attention aux gens qui t'empêchent d'être toi-même et qui veulent contrôler ta liberté d'expression. Pratique plutôt «le vivre et laisser vivre» avec respect afin de préserver ta dignité et de laisser ta personnalité s'épanouir au grand jour.

Comme tu le vois, la communication est libératrice. On dit qu'on est aussi malade que les non-dits de notre cœur. Pouvoir communiquer sainement et librement les fardeaux que tu gardes depuis toujours au creux de ton cœur est aussi important pour ton esprit que la nourriture pour ton corps. Lors de mes ateliers, plusieurs personnes ont réussi à raconter pour la première fois en détail des traumatismes vécus dans leur enfance. Par suite de ces révélations douloureuses, on pouvait voir, dix minutes plus tard, que leur visage se transformait et qu'on pouvait y lire enfin un sentiment de paix qu'on ne leur connaissait pas auparavant.

Je crois que de bien communiquer, et particulièrement les non-dits de son cœur, est aussi efficace dans certains cas qu'un antidépresseur. Tu ne dois surtout pas refouler tes émotions, mais au contraire tu dois apprendre à les exprimer sincèrement. Est-ce que quelqu'un t'a déjà dit qu'un homme ne doit pas pleurer? Ce préjugé tenace commence à s'estomper, mais il n'en demeure pas moins qu'il explique en partie pourquoi 98 % des crimes violents sont commis par des hommes. Incapables d'exprimer leurs émotions par des paroles saines, le refoulement qu'ils s'imposent par ce jugement de la société les fait exploser plus souvent en violence ou en paroles blessantes. En ce qui me concerne, je trouve beau de voir un homme pleurer et livrer un témoignage sensible et chaleureux.

Lors d'une conversation avec l'un de mes amis, je lui ai demandé s'il était amoureux de sa femme. Il m'a répondu: «Je ne sais pas». Alors, je lui ai dit: «Mais quand vas-tu le savoir?» Il gardait le silence. Je lui ai ensuite posé cette question: «Mais dis-moi ce que tu sais?» Il a alors répondu: «Je ne sais plus quoi penser». «Tu ne sais plus quoi penser?», lui ai-je dit. Et il m'a répondu: «Je veux dire que je ne sais plus quoi ressentir».

Je l'ai donc encouragé à me parler avec son cœur. Je lui ai fait comprendre qu'il était incapable de ressentir de l'amour pour sa femme, car il n'en ressentait pas pour lui-même. Te rends-tu compte de la complexité relationnelle à laquelle tu t'exposes quand tu ne t'aimes pas? Il faut être digne d'amour pour être apte à communiquer son amour.

Le Masqué

Souvent, les masques sèment la frayeur.
Moi, j'ai porté des masques par peur,
Par crainte de démontrer mes vraies couleurs,
Redoutant que l'on remarque mes pleurs.

Comme un caméléon qui se fond dans son entourage,
Je l'avoue, j'ai souvent manqué de courage.
Camouflant constamment mon vrai visage,
Empruntant multiples personnages.

Même si j'étais triste, j'utilisais l'humour,
Pour faire rire, toujours en quête d'amour.
Par peur de blesser, de déplaire,
Je préférais ravaler ma colère.

J'étais celui à qui on pouvait se confier,
Celui qui savait te consoler.
Pour ne pas être rejeté,
Je me gardais bien de te le refuser.

Comme je ne voulais pas déranger,
Je me suis éclipsé, parfois même retiré.
J'ai bien caché ma tristesse,
J'ai joué la comédie avec adresse.

J'avais un masque pour chaque situation.
Je ne faisais que refouler mes émotions.
J'en suis venu à perdre mon identité,
M'en voilà devenu amer et frustré.

Mais un jour, pour voir mon bonheur retrouvé,
Il m'a fallu arrêter et examiner,
Bien regarder et déterminer,
D'où tout cela a commencé.

Il est certain que d'en prendre conscience,
Et d'établir la provenance,
De l'objet de toutes ces souffrances,
Tu peux mieux comprendre et rebâtir ta confiance.

On apprend finalement à s'accepter
Tel qu'on nous a simplement créés.
Et pour savoir s'aimer,
On doit cesser de s'autocritiquer.

Cesse de regarder toujours ailleurs,
Pour découvrir ton bonheur.
Il réside à l'intérieur,
Tu le verras avec les yeux du cœur.

RICHARD BABIN

Le chemin du respect

LE RESPECT DE SOI

Dans sa plus belle expression, le respect de soi est le reflet de tes valeurs personnelles. Trois enfants qui grandissent dans la même famille vivront très différemment l'apprentissage de leurs valeurs intérieures. As-tu déjà fait une action ou prononcé une parole et t'être senti coupable par la suite? Ce sentiment de culpabilité est la preuve que tu es allé à l'encontre de tes valeurs intérieures et que tu as manqué de respect envers toi-même.

Par ailleurs, cela explique pourquoi certaines personnes en arrivent à conduire leur auto en état d'ébriété sans pour autant se sentir mal à l'aise, car elles n'assument pas à l'intérieur d'elles-mêmes cette forme de responsabilité. Le respect de soi doit naître de ton pouvoir et non de tes faiblesses, et ce respect suppose que tu honores ton âme au plus niveau. Il est difficile de vivre sainement si tu vas à l'encontre de tes valeurs profondes.

Il est important que tu sois à l'écoute de ce que tu ressens au lieu de toujours écouter ce que disent les autres. Il existe une façon toute simple de perdre ta joie de vivre : tu n'as qu'à dire oui en paroles alors que ta petite voix intérieure dit non. Si tu prends une décision par respect pour toi-même, tu réaffirmes alors à tes propres yeux à quel point tu te prends au sérieux. Cela rehausse par ricochet ton estime personnelle de même que ton amour-propre et ta confiance.

Il ne faut pas que ton estime personnelle repose sur la perception ou le traitement que les autres t'accordent. Je te suggère de faire très attention aux gens qui te dévalorisent par jalousie, ignorance ou sans raison valable. As-tu déjà pris la décision d'exclure de ta vie un supposé ami parce qu'il manquait de respect envers toi? Il n'est pas toujours facile d'écarter quelqu'un de sa vie, mais dis-toi bien que cela t'aide à bâtir ta confiance et à réaffirmer à ton âme que tu es le seul maître de ta vie.

BIEN CHOISIR SON ENTOURAGE

Il est primordial que tu sois conscient que les relations interpersonnelles que tu entretiens au cours de ta vie ont une influence potentielle sur tes valeurs. Ceux qui se ressemblent parfois s'assemblent! Les relations que tu noues avec les autres ne peuvent être meilleures que celles qu'ils cultivent avec eux-mêmes. As-tu déjà vécu une relation prétendue amoureuse avec une personne prisonnière de plusieurs peurs ridicules, qui n'étaient au fond qu'un reflet de son passé?

Quand tu arrives à la maison avec 10 minutes de retard, dois-tu expliquer en long et en large toutes les raisons de ce délai? Si ta conjointe porte des vêtements trop aguichants ou une tenue trop légère, cela t'inspire-t-il un sentiment d'insécurité ou de la fierté d'être à ses côtés? Si tu vis dans la peur du rejet et de l'abandon, peut-être es-tu parvenue à faire accroire à ton conjoint qu'il doit se méfier de la sincérité de ses amis. Dans ce même contexte des influences, nous pouvons comprendre aisément pourquoi il est difficile de réhabiliter une personne dans un milieu carcéral.

Je me dis que le vrai test des valeurs pour les anciens détenus débute après avoir recouvré leur liberté. Au cours de mes années de conférences, j'ai rencontré plusieurs anciens détenus qui ont réussi à changer leur vie et à trouver le respect et l'amour de soi. Ils m'ont souvent dit qu'ils avaient dû changer leur entourage afin de transformer leur façon de penser. Au fil de ta vie, certaines situations surviennent dans le seul but de t'enseigner à développer plus d'amour et de respect à l'égard des gens qui croisent ta route.

Un après-midi de février 1993 alors que j'étais policier, j'ai reçu un appel urgent me demandant de me rendre à la banque Scotia de ma municipalité, car un vol venait d'y être perpétré. À mon arrivée, on m'informa que les voleurs étaient armés et avaient pris la fuite dans une auto blanche garée à l'arrière de la banque. Le début de l'enquête nous a appris rapidement que les voleurs étaient bien organisés et qu'ils n'étaient aucunement des amateurs.

Une enquête menée de concert avec d'autres corps policiers nous a confirmés que les mêmes voleurs étaient responsables de plusieurs autres vols de banques dans d'autres municipalités avoisinantes. Quelques jours plus tard, un autre vol de banque s'est produit dans la municipalité de Rockland, non loin de la nôtre. Ce jour-là, des policiers de la région ont aperçu et poursuivi ces voleurs. Après une poursuite à haute vitesse, les voleurs ont décidé d'abandonner leur véhicule et de prendre la fuite à pied dans les boisés.

Lors de cette tentative d'évasion, Claude, un des voleurs, a fait feu sur Luc, un des policiers, qui était depuis peu de temps en fonction. Heureusement, le projectile n'a pas atteint le policier et les trois voleurs ont été arrêtés. J'ai participé moi-même au transport d'un des prisonniers vers la prison de L'Orignal, le jour de cette arrestation. À ma grande surprise, 13 ans plus tard, Claude s'est présenté à l'une de mes conférences de fin de semaine.

On a pris le temps de se parler et de se remémorer aussi cet incident en question. J'ai vu dans ses yeux ce matin-là qu'il voulait sincèrement prendre sa vie en main. À la fin de la première journée, il m'a confié qu'il aurait aimé s'excuser et discuter avec le policier sur lequel il avait fait feu, 13 ans auparavant. J'ai téléphoné au poste de police sans savoir si ce policier, Luc, était encore en fonction à cet endroit. J'ai laissé un message disant que Claude voulait le rencontrer et qu'il assistait à mes conférences pendant toute la fin de semaine.

Le deuxième matin de mes conférences alors que j'étais en train de parler devant le groupe, la porte s'est ouverte et j'ai vu le policier entrer. J'ai fait tout de suite une pause pour me permettre de présenter officiellement les deux hommes l'un à l'autre. Tous deux se sont dirigés vers le corridor pour se parler seul à seul. Plus tard, Claude est revenu dans la salle, les larmes aux yeux, et il m'a remercié d'avoir organisé cette rencontre. Il m'a affirmé que maintenant il allait pouvoir vivre en paix. J'avais compris que le pardon lui avait été accordé.

Je voudrais rajouter à quel point j'ai de l'admiration et un profond respect pour Luc, ce policier qui a pris le temps de venir rencontrer Claude malgré ce pénible incident passé. Luc est un homme qui possède de belles valeurs et il est un bel exemple selon lequel le pardon est possible malgré la gravité de l'épreuve. D'un autre côté, Claude m'a démontré qu'il a décidé de s'élever et d'évoluer plutôt que de rester figé dans son éducation criminelle. Son geste a confirmé chez lui de nou- velles valeurs qui l'aideront à grandir dans le respect des autres. Je n'oublierai jamais cette journée.

Environ deux mois plus tard, lors d'une conférence ouverte au grand public, j'ai invité Claude à venir parler de son expérience et de son enfance devant un de mes groupes. Son témoignage a été très bien reçu et les gens ont apprécié sa fran- chise. À notre grande surprise, une femme visiblement émue s'est levée. Elle a fait une pause avant de prendre la parole, puis elle a regardé Claude dans les yeux et lui a dit que c'était elle la caissière lors de son dernier vol de banque à Rockland.

Elle lui a affirmé qu'elle avait été traumatisée pendant des années à cause de cet incident et qu'elle n'en croyait pas ses yeux de le voir en face d'elle ce soir-là. Elle exprima sa rage à l'égard de Claude avec un certain respect et ce dernier prit le temps de bien l'écouter sans bouger. À la fin de cette soirée, j'ai pu voir Claude et cette femme se serrer dans leurs bras afin de tourner la page une fois pour toutes.

À présent, Claude témoigne régulièrement, lors de mes conférences, sur la souffrance que peut causer un manque d'amour qui a son origine dans l'enfance. Malgré tout un passé de confrontation, il est toujours possible de se respecter. Il est important que tu parles aux gens comme tu aimerais qu'ils te parlent. Le respect des autres commence par le respect de soi.

APPRENDRE À DIRE NON

Depuis des générations, la femme a toujours joué le rôle d'une personne serviable pour ses enfants et sa famille. Il n'est donc pas évident pour certaines femmes de s'affirmer et de prendre sa place même aujourd'hui. La femme est trop souvent paralysée par l'exemple de sa mère, trop polie ou trop gentille, pour être vraiment entière quand elle veut faire valoir ses besoins et ses convictions. Il est primordial que la femme autant que l'homme apprennent à dire non.

Lorsqu'on vit dans le respect de soi et de l'autre, toute demande est toujours raisonnable et le non est toujours acceptable. As-tu déjà ressenti de la culpabilité ou un malaise à dire non, mais éprouvé en même temps un sentiment de fierté et d'amour de soi d'avoir agi ainsi? Cela explique pourquoi il est parfois si difficile de penser à soi en premier. As-tu déjà remarqué que les gens les moins généreux sont bien souvent les plus exigeants? Ne te gêne surtout pas pour prendre ta place en leur présence afin de te respecter toi-même. C'est avant tout une question d'équilibre.

On pourrait prévenir l'épuisement professionnel sur une grande échelle si les gens apprenaient à respecter leurs limites et celles des autres? J'ai travaillé un jour avec une femme qui se disait toujours là pour les autres, toujours prête à aider, et même si elle ne prenait pas le temps de dîner, elle avait une réserve de temps pour les autres. Le temps l'a rattrapée et après un long séjour en convalescence, elle a compris que ce n'était pas défendu de dire non. Les gens en manque d'estime de soi vont parfois dépasser leurs limites dans le but de se faire aimer par autrui.

APPRENDRE À DIRE OUI

Il est important de prendre du temps pour soi, pour s'amuser, écouter de la musique ou apprécier un bon massage. À chacun son style de divertissement, et le fait de t'accorder du temps pour toi nourrit ton estime personnelle. Il est important d'avoir de la valeur à tes propres yeux. Être travaillant est une belle valeur, je le reconnais, mais trop travailler c'est une tout autre affaire.

Il est à noter que le président des États-Unis, George W. Bush, prend le temps le matin de faire de la course à pied tout en assumant la responsabilité de gérer 52 États et une guerre avec l'Irak. En mentionnant son nom, je n'encourage nulle-ment cette guerre… mais la capacité de cet homme de penser à lui-même dans de telles circonstances est quand même remar-quable. Le temps n'est pas quelque chose que l'on attend, mais bien quelque chose que l'on prend. Prendre du temps pour soi est un signe d'amour de soi.

À tes derniers jours sur cette terre, vas-tu éprouver des regrets de ne pas avoir pris le temps de te lancer dans telle ou telle activité ou de ne pas avoir passé suffisamment de temps avec les gens que tu aimes? Le temps passe vite et le jour qui se termine t'assure que tu as une journée de moins à vivre. Agis donc aujourd'hui! Si tu ne vaux pas 30 minutes par jour à tes yeux, l'estime que tu as de toi n'est pas très grande.

Que l'importance soit dans ton regard
et non dans la chose regardée.

AIMER ET ÊTRE AIMÉ

Le désir très humain d'être aimé est profond et naturel. La façon la plus efficace d'être aimé est d'aimer son prochain. On récolte ce que l'on sème.

Aimer et être aimé est un besoin fondamental pour tout être humain. Depuis notre tendre enfance jusqu'à notre dernier soupir, ce besoin dépend de l'amour reçu et donné. Nous avons tous besoin au cours de notre existence d'amour reçu sous forme d'affection, de gestes, de regards ou de paroles. Si ce besoin n'est pas comblé, la carence affective qui en résulte aura un impact marquant sur ta personnalité, ta santé et ta capacité d'être aimable envers toi-même et autrui. L'aspiration à l'amour est le plus beau sentiment qu'éprouve l'être humain.

Il s'agit par contre d'une expérience parfois complexe entraînant une succession d'émotions souvent difficiles à comprendre et à gérer. D'une part, l'effet stimulant de cette expérience t'élève et renforce ton estime personnelle. Tu t'écoutes, tu te berces d'affection et d'attention, et tu te sens compris. Tu te rends disponible à l'autre quelle que soit l'heure de la journée. Le silence se fait complice et on se comprend sans nécessairement se parler.

Tu crois que ton nouveau conjoint n'a pas de défauts. Les pensées de chacun se rejoignent même quand vous n'êtes pas en présence l'un de l'autre. Une force nouvelle vous habite et vous êtes persuadés de faire face à la vie avec un regard neuf. Un désir sexuel te rend plus vivante et tu te sens plus appréciée, désirée et aimée. Une énergie inexistante, peu de temps auparavant, peut t'envahir et t'inciter à faire des tas d'activités qui, hier encore, te semblaient inintéressantes ou trop demandantes.

Combien de mariages, terminés par un divorce, ont-ils commencé par un tel scénario suffisamment beau pour en faire un film d'amour? D'autre part, une impression de vulnérabilité est aussi possible, car parfois le bien-être que nous procure cet amour fait peur et donne l'impression de vivre dans un rêve susceptible de se terminer abruptement. Combien de gens vont-ils saboter une relation dite saine et abandonner leur conjoint ou conjointe subitement pour prévenir le fait d'être abandonnés eux-mêmes un jour?

Ce réflexe souvent inconscient est très fréquent aujourd'hui. Il est la cause de milliers de séparations évitables. Comment donc en arrive-t-on là? Cette réaction est déclenchée par quel phénomène au juste? Trop souvent, elle est reliée à une déception, une blessure, une attente ou un manque d'amour non pardonnés. Avec le temps, il arrive parfois qu'un être très blessé se bâtisse un mur de protection et une carapace. Il adopte alors l'attitude de celui qui n'a besoin de personne dans sa vie pour être heureux.

As-tu déjà remarqué que les gens qui disent aimer leur solitude s'engagent souvent superficiellement dans plusieurs relations afin d'assouvir leur besoin d'être aimés quand même? Le problème est qu'ils blessent plusieurs personnes sur leur passage, incluant eux-mêmes. Que d'attentes et de déceptions, trop souvent, sur cette route de souffrance!

Entendre une personne célibataire me dire qu'elle est seule depuis quatre ans me fait parfois sourire. Quand tu lui parles de son mode de vie, tu t'aperçois trop souvent qu'elle est pressée d'occuper son temps dans des fréquentations «éparpillées» pour se sentir aimée. La recherche de l'amour passe souvent par la quête d'affection qui, à son tour, passe par les fréquentations sexuelles. Dans le monde d'aujourd'hui, quand une personne dit qu'elle est célibataire, il est plutôt rare que cela signifie qu'elle n'a pas de relations sexuelles ou affectives quelque part.

Trop souvent des célibataires se disent non disponibles pour une relation amoureuse. Pourtant, ils se dispersent un peu partout dans des relations sexuelles et affectives. Être célibataire cela peut aussi vouloir dire être seul avec soi-même sans certains à-côtés sexuels pour compenser. Fais attention de ne pas t'oublier toi-même au cours de cette phase de passion fusionnelle et sexuelle. Trop de gens sont amoureux de la passion et non de la personne. Une fois que cette passion diminue, l'un des deux change alors de partenaire pour retrouver cette émotion forte qui rendait cette relation des plus vivantes.

Ces gens sont comme des abeilles butinant de fleur en fleur sans jamais remettre en question le pourquoi de leurs relations «plaisirs souffrances» qui durent normalement à peine quelques années dans le meilleur des cas. Pour une femme, il est fort probable qu'une relation uniquement de nature sexuelle comprendra avec le temps le côté émotif. Se mentir et se dire détaché, sur le plan émotif, dans une relation seulement sexuelle est parfois facile à dire au début d'une aventure. Quand tu es intime avec une personne tout en niant cette relation, cela s'appelle quand même une relation.

La déception amoureuse est si courante aujourd'hui qu'il est presque banal d'entendre parler d'une nouvelle rupture dans notre entourage. Il se peut que tu connaisses une personne qui traverse une crise amoureuse, en ce moment, dans ton milieu. C'est peut-être toi ? Ce phénomène est si commun et répandu que certains cabinets d'avocats se spécialisent dans ce domaine. L'autre jour, je lisais ceci dans une revue : environ 35 % des ventes de maison sont reliées à une rupture amoureuse.

D'après mon expérience, je dirais que 50 % des participants à mes conférences ont déjà vécu une séparation pénible et 80 % ont des carences affectives attribuables à leur enfance. Tout cela nous aide à comprendre pourquoi tant de gens s'engagent à moitié dans une relation, pensant ainsi prévenir la souffrance d'être abandonnés dans l'éventualité d'une nouvelle rupture. Le manque d'engagement est courant de nos jours et même si certaines blessures peuvent être amoindries en diminuant les attentes et le degré d'engagement, personne ne mérite une relation vécue à moitié.

Fais bien attention aux relations entamées avec des gens qui n'ont pas terminé de gérer leurs blessures amoureuses. Généralement, cela est manifeste quand une personne parle souvent en mal d'un ancien conjoint ou conjointe. Je dis fréquemment : ou bien il y a de la haine, ou bien il y a encore parfois de la dépendance affective et même de l'amour. As-tu déjà entendu une personne se plaindre amèrement d'un ancien conjoint ou conjointe et les déprécier au dernier degré ? Puis, deux semaines plus tard, tu les vois entrer main dans la main pour une fête de bureau.

RÉUSSIR TA VIE DE COUPLE

Si tu vis en ce moment une relation amoureuse, réussir ta vie de couple suppose un certain épanouissement entre ton partenaire et toi. Cela signifie aussi que votre union doit être fondée sur le respect avant toute chose. Pour te seconder dans cette alliance afin qu'elle soit toujours de plus en plus harmonieuse, voici quelques petits conseils à ne pas oublier.

→ Ne demande pas à l'autre ce que tu n'es pas prêt à offrir toi-même.

→ Tu dois apprendre à être bien seul avec toi-même avant d'être en couple.

→ Aime l'autre dans l'optique « du vivre et laisser vivre », sans jalousie.

→ Ne rends pas ton conjoint responsable de ton bonheur, cette responsabilité te revient.

→ Aucune forme de violence ou de menace n'est acceptable vis-à-vis de ton partenaire de vie.

→ Ne tiens pas ton conjoint ni toi-même pour acquis.

→ N'impose pas la loi du talion : « Œil pour œil, dent pour dent », selon laquelle tu me blesses alors je te blesse à mon tour.

→ Tu ne maries pas la famille de l'autre ni la tienne.

→ La sexualité n'est pas toujours synonyme d'amour, attention à cette dépendance.

→ Ne perds pas ton identité et ne renonce pas à tes loisirs ou à tes amis sous prétexte que tu as rencontré ton conjoint.

→ Ne dépasse pas les limites de l'autre, sois le plus respectueux possible de votre relation tout en te respectant toi-même.

→ Permets-toi toujours d'être toi-même et de rester vrai.

→ Il est nécessaire que chacun puisse s'affirmer et discuter sans crainte, si besoin est.

→ Fais attention de ne pas tomber dans le piège de la routine et d'oublier vos petits plaisirs au quotidien.

→ Un manque de romantisme n'est pas toujours le signe d'un manque d'amour.

→ Admettre l'erreur et s'excuser au besoin est un mode de vie sain.

→ Il est important d'avoir des rêves et des objectifs communs.

→ L'humour rapproche normalement un couple.

→ Admets cette vérité qu'un couple n'est jamais parfait.

→ Une relation est un complément à ta vie et non un fardeau.

→ Si votre couple ne va pas très bien, ne pense pas que le fait d'avoir un enfant va vous réconcilier.

→ Si un jour vous envisagiez une rupture, surtout ne perdez pas votre respect l'un pour l'autre.

N'oublie jamais que la solitude est un privilège, une source d'équilibre dans ta vie de couple et garde-toi toujours du temps pour toi-même. Te souviens-tu à quand remonte ta dernière sortie seul au restaurant?

Bon cheminement!

LA DÉPENDANCE AFFECTIVE

Il ne faut pas qu'une autre personne devienne le pilier de ta vie. Nul n'est responsable de ton bonheur, si ce n'est toi. On devient amoureux avec le temps et l'intensité de cet amour est proportionnelle au temps que tu consacres à connaître cette personne et à t'investir dans cette relation. On ne peut pas être amoureux d'une personne que l'on connaît à peine. Des gens très dépendants vont quand même s'exclamer : « Je suis tombé amoureux ! »

Ils sont tombés oui, mais pas amoureux ! Cette illusion est trop souvent reliée au sentiment du désir charnel, de la séduction et de la dépendance affective. On devient amoureux peu à peu et ce n'est pas comme si on découvrait toute la lumière du monde le jour même de la première rencontre. Un coup de foudre est ce qu'il y a de plus éloigné de l'amour véritable. Je vous accorde qu'une relation qui débute sur un coup de foudre peut être durable, mais ce n'est qu'une fois que les conjoints ont appris à se connaître que cette union devient plus saine, réaliste et soudée par un sentiment d'amour.

Pour en arriver à t'aimer toi-même, tu dois apprendre à te connaître : voilà ce qui est inculqué lors de mes conférences. Pour aimer un conjoint, le processus est le même. Tu dois apprendre à le connaître et cela se fait graduellement et non instantanément. Combien de gens sont déçus après avoir vécu pendant seulement un an avec un conjoint d'avoir cru fermement que le caractère de ce dernier était parfaitement compatible avec le leur ? Le dépendant affectif désire forcer l'attachement des autres pour combler son besoin d'amour constant.

C'est ce qui explique, entre autres choses, pourquoi un dépendant affectif est plus agréable à vivre au début d'une relation. Par la suite, son comportement peut se gâter dès qu'il sent que l'autre est lié à lui par les sentiments. Je dirais même que pour certains le début d'une relation a la propriété de les rendre très instables en ce qui a trait à leurs raisonnements. Ces gens souffrants sont amoureux de l'amour. Ils sont semblables à des affamés cherchant l'amour partout sur leur passage.

Parfois, la joie toute simple que tu éprouves après avoir rencontré une personne qui s'intéresse à toi peut te sembler un réel sentiment d'amour. Joie et amour ne sont pas synonymes ici. Cela explique pourquoi certains vont jouer au jeu de la séduction pour savoir s'ils peuvent s'attirer un regard ou une offre sexuelle sans pour autant en avoir le goût. Conscients d'être regardés, cela les incite à agir de façon provocante par leur démarche, leurs vêtements et leurs regards. On dit que la séduction passe souvent en premier par le regard et ensuite par les paroles.

Tu n'as qu'à t'asseoir pendant cinq minutes dans un bar ou une discothèque et observer pour le comprendre. Ce jeu de la séduction est parfois amusant à voir. Un des premiers signes de dépendance affective survient quand une personne délaisse ses amis au tout début d'une nouvelle relation. Prenons pour exemple le cas d'une personne monoparentale qui entame une relation, il se peut qu'elle délaisse ou néglige même ses enfants pour favoriser ce rapport. Combien de gens dépendants vont s'endormir dans une relation affective et oublier leurs valeurs, leurs goûts et les rêves de leur vie !

Ils se fusionnent tellement à l'autre qu'ils en perdent même leur identité. Trop souvent, ils emménagent ensemble trop vite, se marient pour assurer la continuité de leur dépendance, font des enfants sans se connaître vraiment l'un l'autre et vivent des relations instables et insécurisantes toute leur vie. Ils sont incapables de se séparer définitivement, car ils sont dépendants l'un de l'autre. Ils perdent ainsi leur joie de vivre et, avec le temps, banalisent leur manque d'amour-propre en se disant que tout cela est normal en amour. Ils ne font surtout pas la distinction entre amour et dépendance.

Ils se séparent aussi souvent qu'ils renouent et ces nombreux rebondissements sont parfois traités avec humour et ironie par les membres de leur famille et leur entourage. Le dépendant affectif a tellement soif d'affection qu'il est incapable de supporter une solitude prolongée. Le mal à l'âme que ressent une personne dépendante est souvent associé à l'incapacité de ses parents de répondre à ses besoins affectifs durant son enfance.

Ne sachant pas comment s'aimer soi-même, une rupture entre les deux conjoints n'est possible que si l'un ou l'autre envisage déjà une autre relation à l'extérieur du couple. De cette façon, la souffrance de la séparation est minimisée. Une de leurs peurs dominantes est la solitude. Voilà pourquoi ils vont maintenir leur union même s'ils ne se sentent pas bien ensemble. Un tel scénario est souvent le résultat d'une enfance vécue dans un milieu similaire.

Des gens me demandent parfois: «Marc, dis-moi ce qui sépare les couples, selon toi?» Ma réponse les surprend, car je leur dis: «L'amour véritable en sépare plusieurs.» Je m'explique: lorsqu'une relation est malsaine depuis un bon moment, habituellement les deux conjoints le sont aussi. À un moment donné, un des deux conjoints se rend compte que sa situation n'est pas normale. Il va donc participer à un atelier ou une conférence sur la dépendance affective ou sur l'amour de soi pour essayer de comprendre finalement sa souffrance.

D'autres vont lire un livre sur le sujet ou consulter un psychologue. Le résultat de cette démarche thérapeutique va faire en sorte qu'un des deux conjoints va apprendre à s'aimer. Lorsqu'une personne apprend à s'aimer, ses choix de vie, sa capacité de décider pour soi-même ne sont plus pareils. Par conséquent, bien des gens vont se séparer à cause d'une croissance intérieure qui fait naître de l'amour pour eux-mêmes. Alors, tu comprends pourquoi je dis que l'amour vrai sépare les gens? Je parle de l'amour de soi.

LA FAMILLE DYSFONCTIONNELLE

Le plus souvent, une personne dépendante sur le plan affectif a vécu une enfance carencée concernant ses besoins affectifs. Cette carence affective n'étant pas résolue fait d'elle un parent qui pourrait répéter à son tour ce même modèle. Ce cycle de carence peut perdurer pendant plusieurs générations. Une famille dysfonctionnelle peut s'avérer dévastatrice pour un enfant même si un seul des parents est souffrant.

Les causes les plus fréquentes de la dépendance affective sont les suivantes : un des parents travaille trop, est peu ou pas du tout affectueux, il est alcoolique, trop autoritaire et peu communicatif pour ce qui est d'exprimer ses sentiments d'amour à l'égard de ses enfants. Dans certains cas, si les deux parents vivent la même souffrance, cela augmente le niveau de dépendance affective chez un enfant. Est-ce que tu t'es déjà questionné concernant ton niveau de dépendance affective ? Voici un test qui t'aidera à mieux te comprendre à travers tes souffrances relationnelles.

TEST SUR LA DÉPENDANCE AFFECTIVE

Ce test de 25 questions te permettra de vérifier si tu fais partie de cette catégorie de gens dépendants affectifs. Réponds à chaque question par un oui ou un non en inscrivant ta réponse sur une feuille de papier (une colonne pour les oui et une pour les non).

1. « As-tu déjà eu de la difficulté à quitter un amour ? »
2. « Quand tu l'as quitté, as-tu cherché quelqu'un d'autre tout de suite ? »
3. « As-tu toujours besoin d'avoir quelqu'un dans ta vie pour te sentir aimé ? »
4. « As-tu déjà été jaloux dans une relation amoureuse ? »
5. « As-tu déjà quitté un amoureux pour quelqu'un d'autre ? »

6. « As-tu déjà trompé ton amoureux ? »

7. « As-tu déjà couché avec une personne que tu n'aimais pas ? »

8. « As-tu de la difficulté avec la solitude ? »

9. « Est-ce que tu manipules ou contrôles lors de tes relations amoureuses ? »

10. « Quand tu trouves un nouvel amoureux, oublies-tu tes amis ? »

11. « As-tu déjà consommé plus ou moins de nourriture, de drogues, de médicaments ou d'alcool par suite d'une peine d'amour ? »

12. « Considères-tu que tu es un être qui devient vite amoureux ? »

13. « As-tu déjà eu des pensées suicidaires après une peine d'amour ? »

14. « T'es-tu déjà laissé contrôler par la jalousie d'un partenaire ? »

15. « Es-tu déjà resté dans une relation par habitude et non par amour ? »

16. « As-tu peur de l'attachement ou de l'abandon ? »

17. « As-tu déjà ressenti un coup de foudre ? »

18. « Devant les difficultés de la vie, as-tu tendance à fuir ? »

19. « Éprouves-tu le besoin de te faire aimer par tous ? »

20. « Te sens-tu souvent responsable des autres en t'oubliant toi-même ? »

21. « Te sens-tu coupable quand tu prends ta place ? »

22. « Crains-tu le rejet ? »

23. « As-tu déjà perdu la capacité de ressentir ou d'exprimer tes émotions par suite d'une peine d'amour ? »

24. « As-tu déjà dit « je t'aime » à quelqu'un juste pour l'entendre en retour ? »

25. « As-tu peur d'aimer en général ? »

Après avoir répondu à toutes ces questions, additionne le nombre de fois où ta réponse est OUI, inscris-le sur ta feuille et prends connaissance des résultats.

EXPLICATIONS DES RÉSULTATS DU TEST SUR LA DÉPENDANCE AFFECTIVE

Si tu as répondu trois oui et plus, tu es assurément dépendant affectif.

Si tu as répondu cinq oui et plus, tu es un dépendant affectif chronique.

Plus tu as de « oui » dans tes réponses, plus tu as vécu ou vis encore une carence affective (un vide intérieur).

Selon moi, la dépendance affective s'avère un des pires malaises de notre époque. Heureusement, il existe une solution et de l'espoir pour éviter des ennuis et plusieurs tourbillons d'émotions. Il s'agit avant tout d'apprendre à t'aimer toi-même. Puissent mon livre ou mes conférences être un outil pratique en ce sens.

La petite fleur dénudée ne meurt pas
sous le froid, elle irradie même fanée,
comme l'amour au creux de soi.

Quand on ne sait plus

Quand on ne sait plus où est sa vie,
À force de courir, de vivre à moitié,
Quand le temps nous bouscule de tous côtés
Et que notre cœur se meurt d'ennui...

Quand on ne sait plus faire un sourire,
Parce que coincé entre deux malheurs,
Et que le temps s'allonge et pleure,
Et que notre cœur attend le pire...

Il faut secouer nos inquiétudes
Il faut changer des habitudes
Il faut brûler le temps qui reste
Avec des feux de joie qu'on a là dans la tête

Il faut inventer des soleils
Qui sont là quelque part en soi
Cachés sous des peines à finir
Des rêves en devenir
Un cœur qui veut frémir...

Quand on ne sait plus ce qu'on a dit
Quand on sait trop ce qu'on n'a pas dit
On se retrouve dans son malaise,
Et notre cœur s'y perd aussi...

Quand on ne sait plus vers qui aller
Pour se soulager, se rassurer
Quand tous les mots n'ont plus aucun sens
Et que notre cœur ne rime à rien...

Il faut secouer nos inquiétudes
Il faut changer des habitudes
Il faut brûler le temps qui reste
Avec des feux de joie qu'on a là dans la tête

Il faut inventer des soleils
Qui sont là quelque part en soi
Cachés sous des peines à finir
Des rêves en devenir
Un cœur qui veut frémir...

PAROLES ET MUSIQUE : JEAN-PIERRE MANSEAU

Le chemin de la gestion des émotions

LES CLÉS DE LA GESTION DES ÉMOTIONS

Quand tu vis des émotions, c'est en quelque sorte une façon d'admettre souvent involontairement les vérités qui t'habitent. Tes émotions se font sentir assez vivement par des réactions et des sensations intérieures. Il est important de les écouter, de les reconnaître, de les accepter et de leur permettre de s'exprimer sainement.

Le fait de parler d'une émotion à mesure qu'elle fait surface peut réduire ou éliminer même ton malaise. Souvent, la clé d'une désintoxication émotive et d'une meilleure santé réside dans tous ces non-dits qu'il te faudrait exprimer et ce trop-plein d'émotions auxquelles tu devrais te permettre de donner libre cours, quitte à pleurer toutes les larmes de ton corps pourvu que tu en sois enfin apaisé et libéré.

Tes émotions sont aussi l'expression de ta vie affective. As-tu déjà entendu une personne qui n'arrive pas à parler autrement qu'avec beaucoup de colère et de mépris de son compagnon de vie ? C'est le résultat de tant de frustrations refoulées et l'indication d'un manque flagrant de communication entre eux. Le fait de dire à ton conjoint par exemple : «Je ressens du mécontentement parce que tu es en retard», peut t'aider à accepter ce retard et vous permettre de passer quand même une belle soirée ensemble.

Essaie d'éliminer le plus possible ce qui peut nuire à ta relation (la pollution relationnelle) et engage un dialogue réfléchi et respectueux, mais sans retenir les émotions que tu veux exprimer à l'autre. Ceci vous permettra de vous sentir bien tous les deux dans votre relation

Lors de mes conférences, j'ai remarqué qu'aussitôt qu'on aborde le thème des blessures que sont la trahison, l'injustice, l'humiliation, le rejet, l'abandon et le deuil, ce sont ces sujets qui provoquent le plus de réactions émotives dans le groupe. Il est tellement important de parler et de te libérer de tes souffrances émotives. Tu es aussi malade que les non-dits de ton cœur. Il est donc indispensable d'accorder une attention sérieuse à ta rééducation émotionnelle afin de prévenir certains blocages dans ce domaine.

Un silence peut être autant un signe de sagesse que de faiblesse, à toi d'en juger quand tu sens qu'une émotion te trouble ! N'oublie surtout pas que tu n'es pas cette émotion et qu'elle ne fait que passer par toi. Tu ne dois pas te définir par tes émotions, car ce sont parfois des états affectifs ou des sensations plus ou moins agréables qui ne sont toutefois que temporaires.

Il est dommage que trop souvent, dans ta tendre enfance, on t'ait appris à refouler tes émotions, à les dissimuler jusqu'à l'étouffement. Cela n'était pas sans t'occasionner plusieurs réactions conscientes ou non tout au long de ta vie, affectant même ta santé mentale et physique. Lorsqu'une émotion n'est pas exprimée, tu développes parfois des mécanismes de défenses réactionnelles afin de prévenir la réapparition de toute blessure semblable. Voici d'ailleurs plusieurs exemples de réactions qui t'aideront peut-être à comprendre pourquoi tu réagissais de telle ou telle façon, à certaines époques de ta vie :

Si tu as été abandonné par quelqu'un qui t'était très cher quand tu étais enfant, c'est peut-être la raison pour laquelle tu es jaloux et que tu cherches à brimer l'estime de ta conjointe, et à la priver de sa liberté de peur d'être abandonné de nouveau.

Si tu as grandi dans la peur de mourir, surprotégé par une mère dépressive, tu pourrais transmettre cette même peur à tes enfants.

Si tu as été méprisé et dévalorisé par tes parents perfectionnistes et autoritaires, tu es peut-être aussi dur et exigeant envers tes enfants. Vouloir te plaire leur sera à peu près impossible et ils seront d'éternels insatisfaits.

Si tu as grandi au sein d'une famille dysfonctionnelle sans avoir vraiment reçu d'amour et d'affection, tu as sans doute aujourd'hui, dans ta vie adulte, de la difficulté à exprimer ton amour en gestes et en paroles. Et même si tes parents t'ont donné la vie, il est possible que ça te soit difficile de les étreindre dans tes bras. Tant de gens sont même gênés de manifester de l'amour aux autres, ne sachant pas comment, par manque d'habitude.

Si on t'a rejeté dès ton plus jeune âge, tu pourrais décider à ton tour de rejeter le meilleur des conjoints avant qu'il te rejette lui-même. Combien de divorces inutiles sont attribuables à cette réaction souvent inconsciente et incomprise? Subir le rejet de cette façon te rend impuissant et peut malheureusement t'inciter à continuer ce cycle de rejet dans ta prochaine relation.

Une personne qui a vécu une trahison amoureuse peut éprouver beaucoup de difficulté à faire de nouveau confiance à quelqu'un. D'ailleurs, vivre avec une personne qui doute de ton amour, ce n'est pas évident.

Une personne blessée comme toi dans ses attentes amoureuses pourrait avoir de la difficulté à s'engager. Elle ne peut pas croire en un rêve commun à partager avec quelqu'un, car ce serait admettre que cette relation est plus sérieuse que les autres auparavant. La simple mention du désir d'avoir un enfant ou encore d'acheter une maison la fait s'enfuir à toutes jambes pour éviter à tout prix de trop s'engager.

S'il t'est arrivé d'être puni très sévèrement pour avoir dit la vérité, tu as peut-être saisi cette leçon en comprenant que c'est sans doute plus avantageux pour toi de mentir maintenant. Il est dommage que le fait d'être en relation avec une personne anxieuse et jalouse te porte à lui mentir afin de t'éviter ses crises d'enfantillages pour rien.

Un enfant victime d'agressions sexuelles pourra éprouver énormément de difficulté à s'abandonner lors de relations sexuelles à l'âge adulte. Il pourrait croire aussi que la sexualité est sale et honteuse.

Un enfant élevé par un parent trop autoritaire pourrait mouiller son lit pendant plusieurs années. Le pire ici, c'est que plus l'enfant mouille son lit, plus le parent autoritaire s'emporte et crie encore plus fort après l'enfant qui perpétue ce cycle. Si tu es toi-même un parent autoritaire qui terrorise son enfant à force de crier après, j'espère que de lire ceci t'ouvrira les yeux. Oui, j'espère que tu comprendras le message et que tu seras suffisamment intelligent et responsable pour cesser ces cris atroces qui ont gâché ta propre enfance ! Tu sais très bien ce que tu ressentais à l'époque quand on hurlait pour que tu saisisses telle ou telle chose, ou que tu agisses de telle ou telle façon. Ne reste pas enfermé dans cette prison, ne sois plus le parent ignorant du mal qu'il fait et qui reproduit cette souffrance qu'il a vécue lui-même, de génération en génération. Il est temps de rompre ce cycle. N'as-tu pas envie d'être un peu plus mature, non ?

Une personne en colère pourrait facilement prendre 25 kilos en peu de temps, car elle va en quelque sorte « manger ses émotions » pour pouvoir fuir la souffrance et la haine destructrice qu'elle ressent. En fait, c'est un peu ironique de le dire ainsi, mais si tout le monde apprenait à se pardonner leurs souffrances, nos hôpitaux seraient beaucoup moins engorgés de malades.

Combien de gens ont grandi dans les insultes et reproduisent aujourd'hui ces mêmes scénarios de reproches continuels, infligeant cette même souffrance à leurs enfants ?

Combien de gens vont tenter de minimiser ou simplement éviter d'exprimer leurs émotions par peur de blesser leur interlocuteur? Avec le temps, ce sont tes besoins qui ne sont pas respectés et formulés. Reste vrai! C'est ce qui nourrit les relations véritables et te permet de vivre vraiment, et non le contraire. Combien d'années essaieras-tu encore d'afficher un faux sourire auprès de personnes que tu ne désires pourtant pas avoir dans ta vie? Encore ici, c'est une question de jugement personnel et il n'en tient qu'à toi de décider de quelle façon agir avec chacun des membres de ton entourage.

Le mot émotion signifie «énergie en motion». Si cette énergie n'est pas bien canalisée, les effets sont parfois dévastateurs et peuvent transformer un être humain en monstre, et le rendre méconnaissable. Combien de meurtriers étaient jadis de jeunes petits enfants remplis d'amour? Comme tu peux le constater, tes émotions mal gérées te poussent à réagir. Chez les animaux, un animal apeuré ou blessé attaque. Un enfant attristé et déçu pleure.

Il est important de ne pas empêcher ton énergie vitale de s'extérioriser afin de rester équilibré. L'une des questions qu'on me pose souvent est la suivante: «Pourquoi retrouve-t-on tant de stress et de dépression dans un milieu de travail?» Je crois que la société d'aujourd'hui ne permet pas trop d'exprimer ouvertement tes frustrations envers tes supérieurs. C'est peut-être ce qui a motivé les syndicats à se révolter et à faire la grève, car le besoin d'exprimer leurs revendications était plus fort que tout. Ceux qui ne se sentent pas assez solides pour donner libre cours à leurs frustrations, encaissent les contrecoups en silence et succombent un jour ou l'autre aux inconvénients d'un épuisement professionnel.

Si tu ressens un état émotif particulièrement inconfortable et plus ou moins intense, fais attention à tes paroles et à tes gestes envers autrui. Une insulte proférée avec beaucoup d'émotion peut rester ancrée dans la mémoire de la personne à qui elle était destinée toute sa vie durant et affecter son bien-être à long terme. Combien de filles sont anorexiques depuis qu'on a prononcé méchamment à leur intention des paroles de trop qui les ont marquées à jamais? Une blessure émotive a la capacité de durer des années et, dans certains cas, une vie entière.

As-tu déjà remarqué à quel point ta mémoire émotive peut te faire revivre des souvenirs qui y sont gravés même depuis 40 ans, grâce à une simple chanson entendue à la radio? Et pourtant, tu éprouves de la difficulté à te rappeler ce que tu as mangé pour dîner, il y a à peine quelques jours. Combien de gens qui manquent de confiance en leur potentiel dans leur vie présente me disent avoir entendu leur père leur rabâcher les oreilles en leur disant: «Toi, tu ne feras jamais rien de bon de ta vie!»

Tu peux détecter en toi une blessure inconsciente quand on te questionne sur ton manque d'actions ou de celles que tu as effectuées maladroitement pour réussir ta vie. En revanche, si l'on dit à quelqu'un qui fait preuve de caractère qu'il est incapable d'accomplir quoi que ce soit de bien, cela pourrait le stimuler à agir pour prouver le contraire et l'amener à réussir sa vie au plus haut niveau. Combien d'entrepreneurs à succès n'ont que quelques années d'études scolaires, tout au plus au primaire, mais ils n'en possèdent pas moins une détermination inébranlable aujourd'hui?

Écrire tes émotions constitue un bon moyen de les libérer. Je te suggère une technique très efficace afin de retrouver ton équilibre intérieur et de désintoxiquer ton cœur de tous les blocages possibles. Tu verras, le résultat pourrait être très révélateur pour toi.

Compose une lettre dans laquelle tu exprimeras sans retenue tes émotions aux gens qui t'ont blessé depuis ta plus tendre enfance. Que ce soit à tes parents, les membres de ta famille, tes amis, tes ex-conjoints et ton conjoint actuel, prends le temps qu'il te faut et écris-leur avec tes tripes sur des feuilles.

Laisse couler la souffrance qui t'a tiraillé pendant tant d'années, comme l'encre sur le papier, afin de t'en libérer. Prends bien soin aussi de ne pas donner ou expédier ces lettres.

Une fois ces lettres terminées, je te suggère de les lire à haute voix pour obtenir le maximum de soulagement possible pour toi. En les lisant, prends le temps de t'arrêter à chaque émotion qui surgit pour bien la ressentir et l'accueillir. Sens-toi un peu comme un vieux meuble qu'on décape et laisse vibrer ton passé enfoui sous plusieurs couches de peinture. Ensuite, en guise de lâcher prise, brûle si possible toutes tes lettres et choisis de tourner enfin la page pour toi-même. Ne demeure pas esclave d'un passé douloureux.

Comme je le disais précédemment, ce que tu écris, tu le vis, et ce que tu lis, tu le libères. Il est important d'utiliser de telles techniques afin de prévenir des engueulades inutiles. La prochaine fois que tu croiseras ces personnes à qui tu as écrit sans qu'elles le sachent, tu seras peut-être surpris de ton état émotif par rapport à elles maintenant. En temps normal, tu devrais ressentir une libération aussi forte et profonde que tout le travail et l'investissement de toi-même que tu as consacrés à l'écriture de ces textes, en vue de ta délivrance. Le soulagement que tu éprouves aujourd'hui est bien ta plus formidable réussite.

Si un jour tu ressens de la haine envers toi-même, entreprends ce même atelier de libération et écris une lettre à ton intention dans laquelle tu exprimeras toute la haine que tu nourris à ton égard. Ce sont des petits ateliers comme celui-ci qui font souvent toute la différence. Avant d'en sous-estimer l'importance, donne-toi du moins la possibilité d'en faire l'expérience.

Il t'importe aussi de comprendre que l'intelligence émotionnelle n'est pas déterminée par un facteur héréditaire, mais bien par un apprentissage d'exemples. Si tu grandis avec des parents renfermés, il te faudra redoubler d'efforts pour ne pas être constamment replié sur toi-même, à l'image de tes parents.

Combien de gens en prison aujourd'hui ne sont au fond que des enfants qui n'ont pas eu la chance d'apprendre à s'exprimer? En voulant «geler» leur mal émotif, certains ont commencé à consommer de la drogue. Pour alimenter cette dépendance, et pouvoir se la payer, ils se sont mis à voler et tout s'est enchaîné…

Selon moi, les campagnes de prévention des maladies du cœur pourraient s'appuyer sur un nouveau slogan original: «Exprimez-vous et pardonnez afin de vivre!»

Il est tout aussi important pour toi d'exprimer ton amour que ton mécontentement. J'ai déjà ressenti de l'amour que j'ai refoulé pendant des années sans l'exprimer, par peur du ridicule. À qui vas-tu parler d'amour aujourd'hui?

LA DÉPRIME ET LA DÉPRESSION

Tu te sens déprimé quand tu vois qu'il t'est difficile de répondre ou de réagir convenablement à toutes sortes de facteurs psychologiques ou de pressions sociales que la vie met sur ta route: perte d'emploi, des relations familiales problématiques, le deuil d'une personne chère, une peine d'amour, un divorce, de mauvaises notes, une faillite, etc.

Comme la déprime est un sentiment passager, d'une durée limitée dans le temps, même si tu as le cafard, qu'on appelle communément «les bleus», cela ne t'empêchera pas de participer à certaines activités et d'en éprouver de la joie. C'est une des distinctions importantes entre la déprime, où la personne déprimée réagit encore à certains plaisirs et autres stimulations, et la dépression, où la personne dépressive ne réagit plus aux stimuli et n'éprouve donc peu ou pas de plaisir pour toute activité. Car la dépression majeure est une véritable maladie et nécessite une attention particulière. Si la dépression n'est pas traitée adéquatement, elle peut continuer longtemps et s'étendre parfois sur un ou deux ans.

La dépression est une maladie très répandue qui affecte 17 % des gens à un moment ou l'autre de leur vie. Elle comporte des facteurs biologiques et héréditaires. En effet, le taux de dépression est plus élevé chez les gens dont l'histoire familiale présente des problèmes d'alcoolisme, de dépression, des agressions aux plans physique, émotionnel ou sexuel, ou encore la perte d'un parent avant l'âge de 13 ans par décès, divorce ou abandon. La dépression peut aussi s'installer subtilement chez des personnes de tous les âges et de différents milieux sociaux. Un homme sur 10 et une femme sur 5 souffriront de dépression un jour ou l'autre, et ces statistiques sont très modérées.

Pour être diagnostiqué dépressif, il ne faut pas attendre d'être rendu à la dernière phase de la maladie où tu n'es plus fonctionnel, tu pleures continuellement et tu développes des pensées suicidaires. On peut dire qu'une personne dont l'humeur est dépressive presque tous les jours pendant au moins deux semaines, qui n'a pas envie de se lever le matin (troubles du sommeil), qui se plaint sans arrêt de sa vie personnelle ou professionnelle (perte de l'intérêt, d'énergie, fatigue), qui n'a plus le goût de faire les activités qui lui procuraient jadis du plaisir, cette personne pourrait déjà être qualifiée de dépressive.

Et si on ajoute à cela des troubles de l'appétit (avec perte ou gain de poids), des troubles d'attention ou de concentration, un sentiment de culpabilité, de la tristesse, de l'irritabilité, un désir de mourir pour que cesse enfin cette souffrance intolérable, alors il faut vraiment faire quelque chose pour améliorer l'état de la personne atteinte.

Sinon, elle se sentira rejetée et croira avoir perdu l'affection des gens qu'elle aime, même s'ils sont auprès d'elle. Elle nourrira des pensées négatives et acquerra la certitude que tout est mauvais et qu'elle est elle-même une mauvaise personne. Elle voudra également se punir pour ce qu'elle est et ce qu'elle a fait dans son passé. La vie deviendra pour elle sans valeur, elle sera désespérée et convaincue que personne ne peut l'aider.

Chez un jeune dépressif, on remarque ces symptômes les plus courants. Il a tendance à s'isoler ou au contraire ne veut absolument pas rester seul. Il se désintéresse de ses activités habituelles, manque de concentration, devient irritable, agressif. Il peut se mettre à adopter certains troubles de comportements évoquant la délinquance, comme la consommation d'alcool et de substances toxiques. Il est violent dans ses paroles et ses gestes, ne se présente pas à certains cours et fait des fugues. Il apportera moins d'attention à son hygiène et à l'entretien de son environnement immédiat (sa chambre). Son humeur sera instable et des idées suicidaires l'envahiront. Mais pour poser un diagnostic de dépression, plusieurs symptômes évoluant sur une certaine période et selon un contexte doivent être pris en considération.

Si tu te sens soudain sans énergie et désintéressé par tes relations avec tes amis, tu peux être momentanément déprimé mais sans être dépressif. Toutes sortes de facteurs environnementaux peuvent provoquer cet état d'esprit: tes habitudes de vie, ton climat de travail malsain, ta consommation de drogues pour fuir ta réalité, et bien d'autres éléments. Mais souvent il suffit de peu de choses pour que ta vie bascule. C'est pourquoi il faut être vigilant.

Dans le même ordre d'idées, tu n'as pas besoin de fumer deux paquets de cigarettes par jour pour être considéré comme dépendant de la nicotine. Tu peux simplement prendre l'habitude de fumer quotidiennement trois cigarettes et de cesser soudain de fumer pendant une semaine, pour que ton besoin de nicotine se fasse sentir et te fasse souffrir. Tu vois alors à quel point tu es en manque et dépendant de cette substance pour fonctionner.

La dépression arrive parfois sans prévenir et est déclenchée par plusieurs mauvaises nouvelles consécutives qui ont des répercussions importantes dans ta vie. Combien de déboires en affaires ou de déceptions amoureuses ont terrassés des gens apparemment invulnérables? Une journée tu es au sommet de ta profession, et le lendemain, ne sachant trop comment retrouver ton équilibre après une rupture amoureuse douloureuse, tu dois prendre une médication. Si de plus tu es dépendant affectif, tu augmentes ta vulnérabilité vis-à-vis de tes relations amoureuses et amicales. Ton incapacité à vivre seul et à te sentir une personne à part entière par toi-même te portent à t'écrouler et à t'enfermer dans cet état morose et dépressif à chaque rupture.

Le fait d'être constamment en présence d'une personne dépressive peut aussi t'entraîner dans une spirale descendante de dépression et te faire perdre à ton tour ta joie de vivre. Ne cherche pas chausser les bottines des autres, à entrer dans leurs soucis, leurs peines. Tu penses peut-être l'aider à l'écouter se plaindre inlassablement, mais il n'en est rien. Dans certains cas, je te suggère même de prendre tes distances par respect pour toi-même. Propose-lui plutôt de prendre un rendez-vous avec un spécialiste en la matière si ce problème persiste.

En général, les gens dépressifs n'aiment pas recourir à des professionnels et consulter par peur de souffrir davantage d'apprendre à se connaître, par manque d'énergie ou par simple paresse. Il ne s'agit pas non plus de se laisser accaparer complètement par la problématique de l'autre. Des ressources existent pour les épauler. Il faut se méfier également des gens qui «jouent à la victime» et qui adorent faire pitié aux yeux des autres afin d'avoir ne serait-ce qu'un peu d'attention de leur part. L'apitoiement sur soi-même est parfois un état d'âme très manipulateur.

Le fait de pleurer avec une personne et de la plaindre ne contribuera sûrement pas à améliorer son état d'âme. Elle se sentira plutôt confortée dans sa détresse et il y reste que certaines personnes ne veulent pas vraiment s'aider et préfèrent demeurer un fardeau pour leur famille. Le processus pour aider une personne à retrouver son équilibre n'est pas le même pour tous. Dans certains cas, des critiques constructives et des ateliers de croissance personnelle seront salutaires. Dans d'autres cas, une hospitalisation de plusieurs mois pourrait être nécessaire. Le traitement est différent pour chacun et les réactions aussi. Par conséquent, n'hésite pas à consulter un professionnel de la santé.

Il va sans dire qu'une personne positive, optimiste et remplie d'amour est moins prédisposée à vivre une dépression dans sa vie. Il faut maintenir un état d'âme sain et apprendre à parler des perturbations qui troublent ta vie afin de ne pas tomber dans le cycle de la dépression aux six mois. Apprends à dédramatiser tes épreuves et tes échecs à mesure qu'ils surviennent dans ta vie, cela t'aidera à rester réaliste. As-tu déjà entendu une personne se plaindre et pleurer de l'injustice d'une séparation, mais lorsqu'elle était dans cette relation, elle vivait l'enfer? Pourquoi cette amnésie soudaine? Elle devrait plutôt se réjouir et lui dire merci d'avoir pris des mesures pour rompre et opter pour une solution qui va améliorer ta joie de vivre avec le temps.

Lorsque je suis envahi par toutes sortes d'inquiétudes, je me rappelle l'histoire du vieil homme qui, sur son lit de mort, affirmait qu'il avait connu de multiples difficultés dans la vie, dont la plupart n'avaient jamais existé.

GÉRER SON STRESS

Le stress n'est ni plus ni moins que l'incapacité physique ou l'impuissance psychologique d'une personne à réagir adéquatement à une trop forte accumulation de tensions nerveuses ou de pressions traumatisantes de toutes sortes. Notre société moderne d'aujourd'hui, axée de plus en plus sur les compétences, la performance, le rendement et la productivité, en est en majeure partie la cause. Il est aussi possible de vivre un stress relié à une relation amoureuse ou amicale non désirée ou trop demandante. Avoir à gérer plusieurs décisions importantes en même temps peut aussi occasionner beaucoup de stress. Tout comme la panique entraîne encore plus de panique, il ne faut pas oublier que le stress, lui, mène à plus de stress.

Le stress lui-même est une réaction biologique bien réelle à une stimulation extérieure qui te fait vivre une tension. C'est un quasi-réflexe qui comprend trois phases : alarme, résistance, épuisement. Chaque individu réagit différemment par rapport au stress et le tout dépend des périodes de sa vie, de son état psychique, de son équilibre intérieur et de son attitude générale vis-à-vis de la vie.

Certains sont moins susceptibles d'être débordés et abattus quant aux exigences toujours plus grandes que la vie leur impose, car ce sont des gens performants, entraînés à répondre et à satisfaire à ce genre d'attentes. De plus, ils privilégient des habitudes de vie qui les maintiennent dans une excellente forme mentale et physique. Par exemple, si on leur demande deux mois à l'avance de préparer une allocution pour un mariage prochain, ils attendront ce moment avec plaisir, car ils y verront l'occasion de rendre hommage à un couple d'amis. Il en va tout autrement pour ceux qui anticipent toute requête avec crainte et dont la seule perspective de devoir prendre la parole pour cet événement les stressera au plus haut point au cours des deux prochains mois.

Toutefois, il existe aussi des épisodes de stress plus minimes, que certains appellent même le « bon stress », qui te poussent au dépassement personnel. En voici quelques exemples :

→ La tension du joueur de hockey professionnel avant un match pour la coupe Stanley.

→ La tension ressentie avant ta première sortie au restaurant avec un nouvel ami de cœur.

→ Être en retard à un événement et t'inquiéter de ce que les autres vont penser de toi.

→ Vivre un stress avant de passer un concours pour un poste au bureau afin d'accéder à une promotion.

Certains stress t'aident aussi à réagir à des situations pouvant te mettre en danger. Pense par exemple au stress que tu ressens lorsqu'un chien te poursuit en aboyant méchamment. Tu as du moins le réflexe de t'enfuir ou de rester là si tu estimes que ce chien cherche à te faire plus de peur que de mal. Ce genre de stress est normal et t'aide même à évaluer la menace, à te protéger et à évoluer.

Cependant, il y a d'autres types de stress plus insidieux qui s'accentuent à la longue et entraînent de graves répercussions sur ta santé, aussi bien physique que mentale. Le risque est d'accumuler des multitudes de stress majeurs à long terme et de ne pas écouter les signaux d'alarme qui t'incitent à agir selon tes capacités et tes besoins, ou à te reposer quand cela est nécessaire. Voici quelques signaux d'alarme qui t'avertissent que si tu ne régularises pas ta situation, tu vivras un épuisement professionnel ou personnel :

→ Tu manques de patience et deviens intolérant envers les autres.

→ Prendre une simple décision devient pour toi un fardeau et tu manques de concentration.

→ L'insomnie ou la perte d'appétit font soudain partie de ton mode de vie.

→ Tu pleures et deviens mélancolique à propos d'un rien.

→ Les activités que tu aimais jadis ne t'intéressent plus.

→ Un affaiblissement de ton système immunitaire te rend vulnérable aux moindres microbes ambiants et te rend malade.

→ Ton manque d'énergie fait en sorte qu'une simple sortie au restaurant te devient difficile à supporter.

→ Tu te mets à développer des tics nerveux, mais ce phénomène est quand même plus rare.

→ Tu fais part de tes inquiétudes par rapport à une tension qui te rend encore plus stressé simplement à en parler.

UN LIEN ENTRE LES ÉMOTIONS MAL CANALISÉES ET LE DÉVELOPPEMENT DES MALADIES

Quoi qu'il en soit, je crois qu'il y a un lien à établir entre le degré amplifié des émotions malsaines, le stress qu'elles créent et les maladies qu'elles provoquent. Car attention : un stress non résolu entraîne des pathologies graves telles que la dépression, et si le sujet y est prédisposé, un risque d'infarctus est également possible. Dans plusieurs cas, le stress peut même être la source d'un suicide et celui qui le vit au jour le jour peut malheureusement opter pour cette solution irrémédiable afin que cesse sa souffrance psychologique. Il est donc très important de détecter le plus tôt possible les signaux d'alarme ci-dessus mentionnés.

Voici quelques méthodes efficaces afin de résister sainement au stress. Prends bonne note qu'il te faut pratiquer ces petits conseils au moins pendant 21 jours dans certains cas avant de commencer à voir une différence appréciable dans ton équilibre intérieur.

→ Tu dois cesser de parler des tensions que tu vis pour une période de 21 jours afin d'apaiser ta psyché, ces phénomènes psychiques qui forment ton unité personnelle, sinon tu maintiens ton mal émotif.

→ Entoure-toi de gens qui sont des plus positifs et qui ne sont pas nécessairement concernés ou au cœur des raisons qui suscitent tes tensions. Par exemple, si ton emploi est la source principale de tes tensions, je te suggère de ne pas aller au restaurant avec ton collègue de travail afin de minimiser les risques de ranimer ces pulsions dévastatrices ou de les alimenter davantage. Si c'est un stress amoureux que tu vis douloureusement, évite de parler à ton ex-conjoint ou de ton ex-conjointe pendant 21 jours.

→ Inscris-toi à un atelier de relaxation, de méditation ou de respiration afin que s'installe en toi un certain bien-être intérieur.

→ Pratique le yoga ou des exercices de relâchement musculaire.

→ Parle d'un ton de voix calme afin de reposer ton esprit

→ Sors et respire de l'air frais en faisant une promenade vivifiante.

→ Prends le temps de récupérer ton énergie par un sommeil réparateur.

→ Élimine totalement de tes habitudes de vie les substances qui peuvent contribuer à accentuer ton stress comme le café, le thé, les cigarettes, l'alcool et les drogues.

→ Écris une lettre d'amour à toi-même pendant 21 jours afin d'augmenter ta joie de vivre.

→ Prends le temps de bien te nourrir d'aliments sains et n'oublie pas d'y inclure tes cinq portions de fruits et de légumes frais chaque jour.

→ Et si nécessaire, réapprends à «perdre ton temps», à t'accorder du temps de qualité pour toi-même, à faire seulement des choses qui te plaisent et qui ne te demandent pas une concentration extrême, afin d'aider ton esprit et ton cerveau à relaxer quelque peu. C'est d'ailleurs le conseil que je donne le plus souvent aux perfectionnistes sur le plan professionnel.

Si tu ne veilles pas sur toi, les effets d'un stress qui auraient pu se limiter à quelques jours peuvent se développer et aller jusqu'à un état chronique pendant des années. Parfois, les origines du stress sont nombreuses et, dans certains cas, une réorientation amoureuse ou de carrière est fortement recommandée. À toi de choisir entre une vie épanouie ou stressante !

*Le bonheur est un état d'équilibre intérieur,
celui de l'âme quand elle ne souhaite rien
en dehors de ce qu'elle a.*

LE SYNDROME DU STRESS POST-TRAUMATIQUE

Le syndrome du stress post-traumatique fait suite à un événement particulièrement traumatisant sur le plan psychologique tels qu'un viol, un accident sinistre, une catastrophe, de la violence physique, etc. Une personne peut vivre ce syndrome même si elle n'est pas victime elle-même de l'incident: à preuve les témoins d'accident mortel ou d'un vol de banque. Il arrive souvent aussi qu'un enfant de parents divorcés puisse être traumatisé par cette séparation et par son changement de routine, d'amis et d'école. Les perturbations ici sont parfois instantanées et provoquent couramment le retour permanent de l'événement sous forme de cauchemars ou elles envahissent ta conscience à tout propos. Le soutien de la famille est important ici, mais le recours à un thérapeute spécialisé est suggéré.

Pendant des années, lorsque je travaillais comme policier, j'ai vécu plusieurs stress post-traumatiques sans même m'en rendre compte. Je comprends maintenant aujourd'hui le pourquoi de mes cauchemars et d'incidents que je vivais et revivais dans ma conscience. Travailler au cœur de la souffrance humaine et ramasser des cadavres à la suite d'accidents et de suicides par exemple, ce n'est certes pas sans nuire à la vie privée de plusieurs de ces professionnels qui, après s'être acquittés de ces tâches pénibles, se retrouvent chez eux dans une tout autre réalité.

De plus, rares sont ceux qui vont oser l'avouer vraiment, car c'est un milieu où l'image exige qu'on soit au-dessus de tout et le fait d'exprimer ses émotions est plus souvent considéré comme un signe de faiblesse. Ceci explique sûrement la progression du taux de divorce, du degré accru de consommation d'alcool, du nombre de dépressions et de suicides auxquels on assiste dans ce milieu. Les suivis pour évaluer l'impact psychologique après de tels drames sont d'ailleurs à peu près inexistants, à moins qu'un incident soit très majeur. Je suis convaincu que plusieurs conjointes et ex-conjointes (incluant mon ex-conjointe) en auraient long à écrire sur ce sujet. Elles confirmeraient ainsi comment un tel emploi peut avec le temps changer la personnalité de leur partenaire de vie, et à quel point elles se sentent impuissantes dans tout ça.

J'ai discuté le mois dernier avec un gardien de prison qui donnait l'impression d'avoir reçu lui-même une sentence, tant il ne semblait plus faire la distinction entre son emploi et sa vie réelle. Depuis les 12 dernières années, des centaines de policiers et policières m'ont confié leurs peurs, leurs sentiments d'impuissance, leurs peines et leurs angoisses de toutes sortes. Refuser de parler et de vivre les émotions qui t'habitent, c'est tout comme vivre des bouleversements qui te rattraperont toujours un jour ou l'autre, peu importe ton titre.

FAIS-TOI LE CADEAU DE RENOUER AVEC TON ENFANT INTÉRIEUR

Quand j'observe des enfants, je suis toujours étonné de constater avec quelle facilité ils peuvent s'émerveiller devant toute chose et s'amuser avec presque rien. Je pense que nous aurions tous intérêt à prendre exemple sur eux et à profiter encore plus de ce que la vie nous offre. Alors aujourd'hui, prends le temps de sortir pour jouer, fais en sorte de rire davantage et, surtout, émerveille-toi !

Quand tu t'ouvres à ton cœur d'enfant, tu invites ton moi authentique à s'exprimer et à rejaillir sur toute ta vie, lui qui est trop souvent endormi chez l'adulte. Retourne dans ton cœur d'enfant où il est permis d'être totalement toi-même. C'est ce qu'il y a de plus pur et de plus vrai en soi. Je te souhaite de retrouver ton bonheur, ta simplicité et ta spontanéité de l'enfance.

Je te suggère aussi d'éveiller ta conscience aux histoires de ton enfance même si cela suppose d'avoir à te remémorer une triste époque de ta vie. Cela t'aidera à comprendre tes réactions d'aujourd'hui dans ta vie adulte. On ne vient pas au monde blessé, on le devient tous à un moment donné du temps par les choix que l'on fait ou par les circonstances de vie. Il est très important de renouer avec l'enfant blessé en toi. Chacun son histoire, dit-on. Eh bien, je te souhaite de comprendre la tienne afin de t'éviter des tas d'ennuis.

Par exemple, si tu es sensible au rejet et que tu es sur tes gardes afin de te protéger, il se peut que tu amplifies le rejet quand il se produira. Il est même fort possible que tu l'inventes! Ton attitude défensive provoque souvent les mêmes conséquences que tu tentes d'éviter. À cause de plusieurs blessures, tu pourrais repousser certaines personnes de ta vie, sans raison valable, pour la seule raison de ne pas être rejeté ou abandonné toi-même. Ta peur d'être blessé pourrait se traduire par une peur de l'engagement qui te rendra habile à saboter de bonnes relations interpersonnelles tout au long de ta vie.

Combien de gens vont parler et agir avec immaturité... justement comme un enfant? Les épreuves de l'enfance sont bien souvent inconscientes et il faut du temps pour saisir et même comprendre la trajectoire de ces épreuves dans notre vie d'adulte. Par exemple, combien d'hommes vont marier une figure maternelle par sécurité affective et, avec le temps, se comportent avec leur femme comme si elle était leur mère. Dans certains cas très avancés de «maternage», ils vont même donner un surnom maternel à leur femme tel que: «Mom, mamie, maman.» Habituellement, ce genre de relation n'est pas très évolué sur le plan romantique et encore moins sur le plan sexuel.

Il est primordial de faire la paix avec ton enfance afin d'acquérir la maturité d'esprit requise à l'âge adulte. Pour retrouver ton équilibre intérieur, tu dois avant tout te retrouver toi-même. As-tu remarqué qu'un enfant n'a pas trop de difficulté à être heureux ? L'enfant a la capacité d'exprimer ses émotions dès l'instant qu'il les ressent. C'est ce qui l'aide sûrement à garder son cœur libre d'émotions refoulées. On a encore beaucoup à apprendre rien qu'à regarder un enfant agir avant qu'il devienne adulte.

Il est à noter également qu'on demande parfois aux enfants d'agir en adulte trop tôt à certains égards. D'autre part, quand ils sont adultes et suivent une thérapie, on leur enseigne à agir comme un enfant pour qu'ils reprennent le contrôle de leur vie. L'enfant à sa naissance est pur et vrai, honnête et simple, sans orgueil. Un jour, ses parents indisciplinés vont programmer son cerveau et y injecter des peurs et de l'insécurité.

Trop souvent, ils vont lui faire comprendre qu'il est à son avantage de mentir. Oui, un enfant apprend à mentir avec le temps, car il est souvent entouré de gens qui n'aiment pas entendre les vérités de ce monde. Par la suite, l'enfant développe cet instinct de survie pour être aimé de ses parents et il apprend à dire des mensonges pour s'assurer de protéger son amour.

Imagine-toi en train de punir et de dénigrer ton enfant qui avoue avoir volé une boisson gazeuse. Cet enfant comprend très vite qu'il est maintenant plus avantageux de mentir ou de ne pas parler de certaines choses pour être aimé et éviter des punitions trop sévères. Dans sa tête, le calcul est simple : la vérité égale une punition et cela ne tourne pas à son avantage. Je ne te dis pas de l'encourager quand il vole, mais de lui enseigner que voler n'est pas bien. Complimente-le et remercie-le ensuite d'avoir été assez honnête pour le dire.

On est aussi jeune que son cœur. Il est important de s'amuser, de se permettre de rire et de chanter dans la vie autant que de pleurer à volonté. Ne deviens pas un jeune vieux de ce monde qui attend que le bonheur cogne à sa porte. Dans bien des cas, par suite de certains traumatismes de l'enfance, plusieurs personnes ont vécu un blocage émotif tellement profond qu'il a eu pour conséquence de bloquer leur développement à l'âge adulte.

Pour se libérer de ce mal-être, il est nécessaire d'entrer en contact avec son enfant blessé à l'intérieur de soi, pour l'amener à grandir, à se comprendre et à atteindre son âge réel. Combien de gens font une dépression majeure par suite d'une rupture amoureuse qui représente la réouverture d'une vieille blessure non comprise de leur enfance, relativement à l'abandon ? Cela explique pourquoi certaines ruptures amoureuses mènent au suicide, car l'accumulation de blessures non gérées, année après année, amplifie la douleur à chaque épisode d'abandon.

Ce n'est pas nécessairement l'adulte conscient qui décide de s'enlever la vie, mais l'enfant blessé en lui qui ne voit aucune porte de sortie, pour fuir sa douleur d'être abandonné. Si le fait d'être laissée par son conjoint lui rappelle l'abandon que ses parents, son frère, sa famille lui ont déjà fait vivre, imagine alors l'intensité de sa douleur en raison d'une rupture d'amour qui, bien souvent, est en soi une dépendance affective.

Il ne veut pas nécessairement mourir, il veut simplement faire taire son mal intérieur. Ne sachant pas comment y parvenir, il opte pour une méthode radicale et sinistre : le suicide par les médicaments, l'alcool, la drogue ou une arme à feu. Après mes conférences, je reçois tellement de courriels de gens qui me disent avoir finalement compris pourquoi ils considéraient, auparavant, une séparation amoureuse comme un drame intense qui les torturait. D'un autre côté, ils entrevoient aujourd'hui une séparation comme un choix intelligent pour poursuivre leur vie dans un contexte plus sain.

Il est important de revisiter ton enfance afin de redonner tout son sens à ta vie. Ton enfance est souvent un trésor que tu cherches à oublier au lieu de chercher à le comprendre. Ton enfance a créé en toi des comportements compulsifs et inconscients dont tu n'arrives plus à te débarrasser parfois. Si seulement les êtres jaloux pouvaient comprendre que leur comportement se résume à une peur non résolue, il y aurait sûrement moins de gens en prison !

Tu dois libérer, exprimer et comprendre dès à présent tes propres réactions afin d'envisager une démarche de guérison. Il s'agit d'un processus simple, mais parfois douloureux sur le plan émotif. Lors de mes conférences-spectacles, j'explique aux gens pourquoi il est normal de pleurer pendant cette conférence. Quand ils comprennent que la douleur qu'ils ressentent est reliée à eux-mêmes et non pas à la conférence en tant que telle, ils acceptent plus facilement de vivre librement leurs émotions.

Mon spectacle est présenté avec logique, selon un enchaînement cohérent d'idées pour que les gens fassent une «désintoxication émotive», de leur enfance à leur vie présente. Quelle belle différence d'énergie dans nos salles, de la première à la seconde journée ! Les regards éveillés et les gens remplis d'amour qui circulent partout dans la pièce me donnent le goût de continuer cette aventure de conférences-spectacles pendant plusieurs années encore.

John Bradshaw a écrit que pour retrouver notre paix intérieure il était nécessaire de songer à notre passé et de faire émerger l'enfant blessé, étouffé et non compris qui se trouve en chacun de nous. Quelles sont les paroles ou les actions qui, une fois dites ou faites en ta présence ou à ton intention, te donnent un signal d'alarme intense qui déclenche en toi des réactions émotives exagérées ? Ces réactions excessives sont reliées à ta sensibilité première concernant des blessures non comprises ou non gérées au cours de ta vie d'adulte.

Combien de gens se sentent coupables trop rapidement et sans raison valable ? Combien de gens ont peur de s'affirmer pour ne pas déranger ? Combien de gens timides n'ont pas compris qu'il était possible de sortir de leur coquille ? Combien de gens ont peur d'aimer d'un amour véritable ? Combien de gens ont peur de la trahison au point de ne jamais se marier ou de s'engager vraiment avec un partenaire de vie ?

Tes peurs résultent en partie de celles de tes parents, de tes croyances et de ton héritage du passé. Si tes parents n'ont pas su régler et faire face à leurs peurs et à leurs souffrances dominantes, tu as sûrement été exposé à leurs préceptes au sujet des souffrances et des peurs. Un travail sur soi consiste à découvrir et guérir les blessures que nous avons éprouvées et endurées pendant notre croissance, et de les exprimer. Il est important de se connecter de nouveau avec son moi le plus profond.

Voici un exercice d'écriture que je te propose de faire pour libérer tes émotions premières et souvent insoupçonnées. Tu trouveras quelques exercices semblables tout au long de ce livre, à quelques variantes près, mais chacun d'eux est là pour t'aider à transformer divers aspects de ta vie qui t'ont toujours fait souffrir. Cherche une ou des photos de ton enfance pour te remémorer cette époque de ta vie. Regarde tes photos et pense à toutes tes frustrations non exprimées à l'égard des gens qui t'ont blessé, dévalorisé, abusé ou mal aimé. Maintenant, installe-toi bien tranquille, au son d'une musique douce, sans paroles si possible et prépare-toi à faire le ménage intérieur suivant :

1. Écris une lettre à ton père pour lui faire part de ton mécontentement depuis ton enfance.

2. Écris une lettre du même genre à ta mère.

3. Maintenant, écris une lettre en imaginant que c'est ton enfant intérieur qui t'écrit à toi, l'adulte, pour te manifester son mécontentement.

4. Écris une lettre négative à toi-même, de l'adulte à l'adulte.

5. Si tu as été abusé sexuellement, trahi, dévalorisé, écris une lettre négative à tous ces gens afin d'exprimer encore tes émotions.

6. Trouve une personne en qui tu as confiance et lis-lui tes lettres à haute voix, debout, pour mieux t'affirmer. Il est important de libérer tes émotions premières, s'il y a lieu. Prends bien note que les émotions qui vont sortir de ton cœur peuvent te surprendre toi-même.

7. Je suggère de brûler tes lettres dans un geste éloquent de lâcher prise et d'amour pour toi-même.

Plus tu libéreras les émotions destructrices en toi, plus tu ressentiras un soulagement et un rapprochement avec ton moi authentique. Je t'encourage à répéter cet exercice, au besoin, au cours de ta vie pour garder ton cœur et ton âme propre et pure comme jadis quand tu étais un tout petit enfant. Nous ne venons pas au monde souffrants, nous le devenons parce que nous ne savons pas exprimer nos souffrances de façon saine.

Retrouver son enfant intérieur consiste à se retrouver et faire la paix avec soi-même. Pour t'aider à te connecter davantage à ton enfant intérieur, je te suggère de te procurer un objet qui te rappellera une période heureuse de ton enfance. Par la suite, laisse-le dans un endroit où tu vas le voir souvent pour que tu te rappelles en tout temps que toi aussi tu as déjà été un enfant, et que tu as encore le droit de t'amuser !

Voici un texte, écrit par Manon Sénécal, que j'ai reçu par Internet et que j'aimerais partager avec toi. Tous les « enfants intérieurs » du monde se ressemblent. Accorde-toi un moment de détente, oublie toute notion de contrôle et lis le texte qui suit en imaginant que c'est ton enfant intérieur qui te parle. Demeure ouvert à tout ce que tu ressens.

DE TON ENFANT INTÉRIEUR

Bonjour, toi !
Je suis ton enfant intérieur.
Est-ce que je peux te parler ? Je me sens seul !
Tu n'es pas là souvent pour moi.
Je sais, c'est ce que tu as appris.
Sauf que maintenant, tu es adulte,
et tu peux changer ton rapport avec moi.
Je désire que tu m'emmènes m'amuser,
que tu me fasses rire.
Tout est tellement
sérieux avec toi.
Ça m'a presque tué.
J'ai besoin de toi,
c'est toi le chauffeur
du véhicule me permettant
de me réaliser.

Tu as laissé les autres m'écraser et, par le fait même, écraser mes besoins, mes
désirs. Ensuite, tu as poursuivi leurs œuvres.
Je suis heureux, je suis heureuse de voir que, maintenant, tu sais que j'existe
et que tu reconnais parfois ma présence.
J'ai très peur que tu me laisses tomber de nouveau,
que tu cesses de m'écouter,
que tu cesses de considérer mes besoins, mes désirs.
Lorsque tu ne m'écoutes pas,
je souffre et te le fais savoir.
Tu sais, l'autre jour,
quand tu as ressenti un malaise,
c'était moi qui attirais
ton attention.

Certaines fois, ça fonctionne, d'autres pas. Tu es très fort, très forte.
Moins tu m'écoutes et plus le malaise est grand.
Si ça fait mal, c'est parce que moi j'ai mal.
S'il te plaît, reste avec moi, permets-moi d'être.

Sous ma peine se cache ma joie.
Sous ma colère, l'amour.
Sous ma peur, la confiance en toi.
Ma colère contre toi est grande.
Laisse-moi simplement l'exprimer,
laisse-moi te dire ce que ça me fait
quand tu m'écrases,
quand tu me traites de tous les noms,
quand tu me dis
que je suis « con ou conne ».

Tu n'utilisais pas toujours des mots pour m'écraser.
Laisse-moi te dire ce que ça me fait
que tu me dises que je n'ai pas raison
de ressentir mes émotions.
Je sais, c'est ce que tu as appris,
mais tu peux changer tout ça.
Laisse-moi te dire ce que ça m'a fait
que tu me dises que je devrais plutôt être
comme ci ou comme ça.
Laisse-moi aussi te dire ce
que ça me fait
que tu me dises
que je devrais ressentir
ça ou plutôt ça
que ceci ou cela.

Je suis en boîte, enfermé, étouffé sous tes croyances,
tu m'as abandonné.
Tu sers aux autres.
Comprends donc que tu n'as aucun pouvoir sur les autres.
Tu en as sur toi et c'est tout.
Tu as le pouvoir de me laisser vivre,
de me permettre d'être,
de rire et de m'amuser.
Tu as le pouvoir de m'écouter,

de me comprendre, toi seul.
C'est vraiment
tout ce que j'ai vécu.

Tu as le pouvoir de m'aimer, de me reconnaître,
n'est-ce pas tout cela que tu cherches à l'extérieur???
Est-ce que tu comprends que j'ai besoin de tout ça?
Pas des autres, mais de toi.
S'il te plaît!
Je t'en prie,
ne me laisse plus jamais tomber, plus jamais.
J'ai tellement de peine!
Sans toi, je meurs.
Sans toi, je souffre.
J'ai besoin de toi,
tellement besoin!

Signé: Ton enfant intérieur qui s'ennuie de toi!

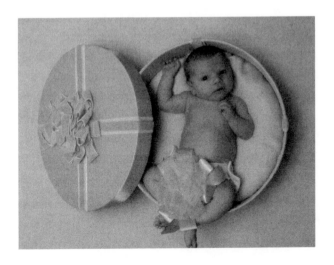

Enfant blessé, aime-toi ce soir

Endormi dans un rêve, que mon cœur a caché
Enfance refoulée, quelle innocence perdue
Et la vie m'a fait souffrir
J'ai appris à mourir

Fais-moé honte, fais ça vite
Fais-toé venir, hypocrite
Trop jeune pour comprendre, la peur m'envahit
Trop jeune pour m'exprimer, lâche-moé!!!
Trop jeune pour mourir...

À toi qui as été abusé, reprends courage
À toi qui as été trahi, reprends confiance
À toi renfermé, aime-toi ce soir

Refrain : Enfant blessé, aime-toi ce soir (bis)

Endormi dans un rêve, voulant tout oublier
Consommer pour fuir, fuir à m'détruire
Si la vie t'a fait souffrir
Pardonner, pour mieux vivre

Fais-moé honte, fais ça vite
Fais-toé venir, hypocrite
Trop jeune pour comprendre, la peur m'envahit
Trop jeune pour m'exprimer, lâche-moé!!!
Trop jeune pour mourir...

Refrain : Enfant blessé, aime-toi ce soir (bis)

À toi qui es perdu, je te tends la main
À toi qui se penses vieux, ouvre ton cœur d'enfant
Trouve ton enfant intérieur, et laisse-le chanter

Refrain : Enfant blessé, aime-toi ce soir

Si la vie t'a fait souffrir, pardonne pour mieux vivre.

PAROLES ET MUSIQUE : MARC GERVAIS

Le chemin de l'amour

S'OFFRIR DU TEMPS POUR SOI-MÊME

Il est important pour tes activités physiques et mentales de t'offrir à toi-même du temps de qualité. Dans ce monde qui tourne de plus en plus vite, il faut parfois avoir la sagesse de t'arrêter pour prendre le temps de t'accorder du temps à toi-même. Le temps n'est pas quelque chose que l'on doit attendre, mais quelque chose que l'on prend. De nos jours, avoir du temps pour soi est un luxe que plusieurs envient. N'est-ce pas le temps qui motive les gens à rêver d'une belle retraite pour voyager et profiter de leur vie ?

Si tu investis ne serait-ce qu'une heure par jour, pour toi-même, dans la poursuite d'une passion personnelle, d'un plaisir, d'un passe-temps ou d'une lecture, cela contribue largement à réduire ton stress et à revaloriser ton estime personnelle. Étant donné que tu prends du temps pour toi-même, tu vas ensuite en déduire que tu en vaux la peine et que tu mérites cette joie.

Tu me diras que c'est plus facile à dire qu'à faire. Je crois que tout dépend de nos priorités en ce qui a trait à soi-même et à sa propre vie. Si tu crois que tu en vaux la peine, tu prendras le temps. Combien de gens ont tout le temps qu'il faut pour aller boire leurs six bières dans un bar, mais pas une seule minute à consacrer à leur famille ? Combien de gens encore ont du temps pour se lamenter, mais pas de temps pour aimer ?

La responsabilité de ce que tu fais de ton temps repose sur toi. Malheureusement, bien des gens manquent de temps, ne serait-ce que pour bien se nourrir. Ceci explique sûrement toutes ces chaînes à restauration rapide qui répondent à la demande du marché. Quand as-tu pour la dernière fois dégusté un repas en famille ou avec des amis, à parler et à relaxer calmement?

Quand notre petite fille Laurence est arrivée dans ce monde, j'ai réalisé à quel point on peut disposer de plus de temps quand on a une bonne raison de s'arrêter. Il est important pour certains de se libérer peu à peu de la culpabilité qu'ils ressentent à vouloir se consacrer du temps à eux-mêmes. Il est capital, je crois, de rétablir l'équilibre entre le temps alloué à nos nombreux engagements et celui destiné à nos besoins personnels, si nous voulons rester sains d'esprit.

Jusqu'à ce jour, je n'ai pas rencontré souvent de personnes aussi passionnées et occupées que Stéphane, mon producteur de conférences-spectacles. Par ailleurs, pas une semaine ne passe sans qu'il m'annonce avoir joué au hockey avec ses enfants ou qu'il a mijoté une compote de pommes; ou cuisiné une excellente bouffe pour sa femme ou pris le temps de lire un livre. Je comprends maintenant pourquoi il n'est jamais épuisé, car il a établi un équilibre entre le travail et sa vie personnelle.

Un ami anglophone me disait: "Work hard, play hard." Ce qui veut dire de travailler dur, mais aussi de jouer beaucoup. Avoir une vie professionnelle très occupée est excellent, mais l'important consiste à bien choisir le bon moment de s'arrêter pour soi. Dans mon cas, le fait de prendre du temps pour jouer de la guitare est un véritable moment de repos, alors que quelqu'un d'autre préférera se prélasser dans un bon bain chaud. Découvre ce qui te fait du bien et profite de ton temps.

Combien de gens me disent ne pas avoir d'emploi et du même coup m'affirment ne pas avoir suffisamment de temps pour en trouver un! Tout dépend ici de tes priorités. Combien de gens n'ont pas le temps de faire de l'exercice, mais ont du temps pour trop manger même quand ils n'ont pas faim!

Essaie de retirer de ton vocabulaire l'excuse suivante : « Je n'ai pas le temps ! »

Pour fournir un rendement maximum, il est primordial de s'offrir du temps pour dormir profondément. Cela nécessite parfois quelques mois avant de régler notre horloge biologique et de connaître par la suite des périodes régulières de sommeil qui nous permettent de nous réveiller alertes et en pleine forme. Le sommeil est réparateur sur le plan physique et porte conseil du point de vue intellectuel. Bien dormir stabilise l'humeur et régénère nos anticorps et notre bon sens.

Le stress tel que tu le connais n'est-il pas un signe des temps modernes que le temps est venu de t'arrêter un peu ? Combien de gens sont pressés d'aller nulle part ? Dans certains cas, il est souhaitable de diminuer ses obligations sociales afin de s'occuper de soi. J'ai rencontré un jour une dame qui était épuisée à force de s'occuper d'une salle de bingo, de laver les toilettes et de travailler à servir lors de soupers de fèves au lard. Elle s'occupait aussi des repas de funérailles dans sa région. Quand je la visitais pour louer la salle, elle était le plus souvent en train de laver les murs et les planchers, et elle me disait que personne ne pourrait le faire à sa place.

Elle avait l'âge d'être ma mère. Elle me répétait que les responsables de cet organisme (Chevaliers de Colomb) étaient reconnaissants de ce qu'elle faisait et lui affirmaient qu'il y en avait juste une comme elle. Lorsque j'arrivais dans cette ville pour y présenter mes conférences sur une base régulière, j'ai instauré un rituel qui a duré plusieurs années. J'invitais cette dame au restaurant pour converser avec elle. La conversation tournait souvent autour des activités passées ou à venir de cette salle qui était devenue, d'après ses paroles, un véritable fardeau.

À ma dernière venue dans cette région, je lui ai rendu visite chez elle, car elle ne travaillait plus. Elle luttait bravement contre un cancer. À ce que je sache, cette salle continue d'être utilisée et les gens qui y viennent n'ont pas la moindre idée de tout le temps que cette gentille femme a consacré, au cours de sa vie, à en nettoyer les murs et les latrines. Un jour, sur notre lit de mort, nous allons tous comprendre l'importance du temps et à quel point il est plus précieux qu'on le pensait. Parfois, il est bon de dire non aux autres afin de te dire oui à toi-même.

J'ai parlé avec un professeur de yoga qui me disait que le temps qu'une personne consacre à son yoga est aussi important que le yoga en tant que tel. Par conséquent, le temps que tu prends à lire ce livre est aussi important que le livre même. Imagine maintenant que tu en fais la lecture dans ton bain, avec des chandelles et une musique douce pour relaxer... Savoir gérer son temps pour soi est une question d'amour pour soi-même.

Dans certains cas, la dépression et l'épuisement professionnel sont des avertissements que ton âme te donne pour que tu consacres du temps à toi-même. Je te suggère de faire une liste des choses que tu n'aimes pas faire et qui prennent de ton temps. Dresse aussi une liste des choses que tu aimes faire pour toi-même. Puis, examine de quelle façon tu pourrais mieux équilibrer ton temps pour être plus épanoui dans ton cœur. Il faut vraiment t'accorder la liberté de prendre ce temps, tout ce temps...

Chaque journée que le soleil illumine est un jour de moins dans ta banque de temps. Arrête-toi donc pendant quelques minutes aujourd'hui, pour toi seulement.

L'AMOUR DE SOI

L'amour de soi n'est pas un sentiment inné. Il se construit en toi au cours de ta vie et se nourrit essentiellement des paroles, des pensées et de l'affection que tu reçois de tes parents, des autres et, avec le temps, de toi-même. Le milieu familial où tu as grandi a souvent un lien direct avec tes relations interpersonnelles d'aujourd'hui. J'irai même jusqu'à dire que ta possibilité de t'évader de certaines dépendances au cours de ton existence est principalement reliée à l'amour de soi.

Cet amour est donc en quelque sorte le reflet de la relation paternelle et maternelle que tu as ou non reçue. Un enfant considéré comme un fardeau par ses parents grandira sûrement avec le sentiment inconscient d'être de trop aux yeux des autres, et ce, parfois même, 40 ans plus tard. Un enfant trop méprisé et trop puni deviendra peut-être rebelle et délinquant lui-même en réaction à la discipline trop sévère de ses parents. Oui, trop de parents n'ont pas la façon d'établir une bonne discipline.

Tu ne frappes pas un enfant pour lui enseigner à te respecter, car ton geste provoquera toujours l'effet contraire. L'enfant qui écoute par peur n'est pas un enfant épanoui et encore moins bien discipliné ; il écoute car il n'a pas le choix. Un enfant qui se sent aimé et apprécié de ses parents, même quand il fait des erreurs, aura davantage d'amour pour lui-même qu'un autre qui ne connaît que le mépris, les punitions et le manque d'amour.

Il est important de comprendre qu'en s'aimant soi-même, nous devenons capables d'aimer autrui. Élever un enfant dans l'amour de soi et lui donner de bonnes valeurs constitue un processus qui débute 90 ans avant sa naissance. Selon mon point de vue, il faut comprendre que si tes grands-parents étaient atteints de carences affectives et de certains comportements dysfonctionnels, il y a de fortes chances que tes parents aient appris de ces enseignements, et peut-être toi-même aujourd'hui.

On ne peut pas toujours changer, du jour au lendemain, les valeurs d'amour que l'on a transmises ou négligées de génération en génération. La trajectoire des blessures et du manque d'amour d'une famille dysfonctionnelle peut détruire, avec le temps, l'estime et l'amour-propre d'une famille entière. Ce mal à l'âme peut ensuite se propager à travers plusieurs autres familles à venir, dont les enfants découleront de cette même famille dysfonctionnelle initiale.

Enseigner l'amour de soi à tes enfants est l'un des plus beaux cadeaux que tu peux leur offrir. Pour y parvenir, tu dois leur apprendre à bien se connaître et leur inculquer l'autonomie plutôt que la dépendance. Il est important de leur apprendre à être bien avec eux-mêmes avant d'entreprendre une relation amoureuse avec autrui. Il est aussi primordial de leur enseigner la différence entre une dépendance affective et un amour sincère.

Trop souvent, lors de mes conférences pour adultes, je réalise parfois que je suis entouré d'enfants blessés qui ont de la difficulté à préserver leur équilibre intérieur, par suite d'un manque d'amour dans leur enfance ou de leur propre divorce. Certains sont démolis intérieurement, croyant maintenant n'être plus rien depuis le départ de leur conjoint ou conjointe. Ce triste scénario est trop répandu dans ce monde de souffrances.

De nos jours, combien de dépressions, de suicides, d'alcoolisme et de crimes passionnels sont reliés justement à des blessures amoureuses ? Le besoin fondamental de tout être humain sur terre est d'aimer et être aimé. Si l'une des deux composantes de ce besoin est absente ou dysfonctionnelle, cela a un effet sur ton évolution. On peut discerner une personne mal aimée par son comportement et le lien qu'elle entretient avec la nourriture, sa sexualité, les autres et elle-même.

As-tu déjà remarqué qu'une personne malheureuse réagit relativement à la nourriture de la même façon qu'un alcoolique réagit par rapport à l'alcool ? Le fait de ressentir de l'ennui, une déception, de la tristesse, de la colère ou simplement un vide intérieur est suffisant pour que cette personne cherche à s'évader de tout ça en visitant souvent le frigidaire, sans pour autant avoir faim.

Tu devrais toujours questionner le pourquoi de ton geste lorsque tu manges sans avoir faim. La nourriture est là pour notre survie et non pour servir de béquille afin de s'évader d'un tas d'émotions mal gérées. Trop souvent, les gens comblent leur manque d'amour de cette façon.

Au Canada, des gens achètent pour des millions de dollars de pilules pour perdre du poids chaque année. Ne serait-il pas préférable de leur enseigner à s'aimer soi-même pour régler définitivement le problème? Oui, le manque d'amour envers soi-même entraîne toutes sortes de problématiques. Quand on n'aime pas quelqu'un, on peut s'éloigner de lui, mais lorsqu'on ne s'aime pas soi-même, on est condamné à s'endurer.

Le manque d'amour de soi n'est pas pour autant un poids que l'on traîne toute sa vie. Il y a toujours de l'espoir pour tous ces enfants mal-aimés du monde entier. Il n'est jamais impossible ni trop tard pour changer tes comportements désagréables ou destructifs. Si tu es une personne humble et honnête envers toi-même, tu pourras entreprendre cette démarche de croissance personnelle et, un jour, tu seras même méconnaissable.

Il s'agit de t'accueillir, de nourrir ta propre évolution et même, dans certains cas, d'établir de nouveau un rapport de parenté intime avec toi-même à l'aide d'encouragements et d'autodiscipline. Lors de mes conférences, je rencontre des gens formidables, de toutes les régions, et qui ont tous des histoires de vie différentes à me raconter. Chacun a son lot de souffrance et chacun a sa façon de s'en sortir. Voici l'histoire de Robert, cet homme a décidé de s'aimer et de changer pour le mieux-être de sa santé physique et mentale.

QUITTER LA SURVIE POUR NAÎTRE À LA VIE

Histoire de Robert Rochon... de 258 à 98 kilos

À l'âge de 11 ans, Robert pesait déjà 110 kilos et adoptait déjà un comportement de survie. Il avait mal dans son cœur et quand il était très jeune, il «mangeait» ses émotions pour oublier. À l'école, il se sentait différent des autres enfants et il a dû endurer les regards et les jugements des autres élèves. Plus il était malheureux, plus il mangeait et plus il mangeait, plus il était malheureux. Ce cercle vicieux a continué jusqu'à l'âge de 37 ans où il arriva au poids phénoménal de 258 kilos. Sa santé physique et mentale était menacée.

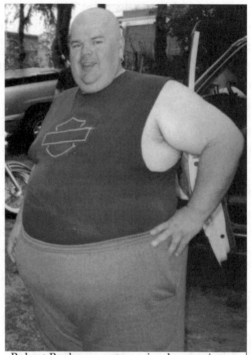

Robert Rochon avant sa prise de conscience.

Une simple promenade ou le fait d'enfiler une paire de bas lui était impossible. Il se promenait dans un fauteuil électrique (scooter 4 roues) afin d'avoir un peu de liberté. Robert est resté assis sur son sofa à «manger» ses émotions et à vivre dans l'apitoiement pendant plusieurs années. Un jour, le découragement le réveilla et Robert décida de prendre sa vie en main. Il en avait assez de cette survie et il décida de changer son alimentation: il a appris à s'aimer. Aujourd'hui, Robert pèse 98 kilos. Il peut maintenant faire des activités physiques et il profite de sa vie.

Je t'accorde qu'il est toujours plus difficile d'en arriver à être en forme que de le rester. Cela explique l'importance d'être

Marc et Robert, tenant fièrement le pantalon qui fait partie de son passé.

discipliné et de persévérer dans une saine alimentation. Pour maigrir, bien sûr, tu ne dois pas cesser de manger, mais changer certains aliments inclus dans ton alimentation. Commence donc par éliminer ce qu'on appelle les trois P... pain, pâtes et pommes de terre. Ayant moi-même perdu 9 kilos, j'avais un quatrième P à surveiller, «Parent», car ma mère est une excellente cuisinière.

Fais attention à la tentation de vouloir perdre du poids trop vite. Selon Sylvie Laroche, nutritionniste-diététicienne, 98 % des gens qui restreignent de façon draconienne leur apport alimentaire reprennent le poids qu'ils ont perdu, et parfois davantage. De plus, il est bon de savoir qu'avec les années ton métabolisme ralentit même si tu n'as pas changé tes habitudes alimentaires et tes activités physiques. Ceci explique pourquoi il est possible de prendre du poids à certaines époques de ta vie sans pour autant augmenter ton alimentation.

Pour terminer, prends donc note que les régimes les plus dommageables pour ta santé sont assurément ceux qui ne fournissent pas suffisamment de calories et de glucides. Le déficit en glucides est chose courante en ce qui a trait à la plupart des régimes amaigrissants. Ce nutriment est le seul carburant utilisé par le cerveau et si tu es en manque, tu pourrais éprouver des symptômes d'hypoglycémie, lesquels ne sont pas très agréables. Cela suppose un manque de concentration, une diminution de la vision, des maux de tête et de l'instabilité émotionnelle.

Avec de tels problèmes, certains perdent leur santé ou même leur mariage dans le but de retrouver leur poids idéal. Lorsque tu t'aimes toi-même, les épreuves sont toujours plus faciles à surmonter, car tu possèdes alors l'amour le plus « certain » sur cette terre, l'amour de soi. Bien sûr, l'amour des autres peut t'aider et te faire du bien, mais l'amour de toi-même peut te guérir et transformer ton existence pendant toute ta vie.

Apprendre à t'aimer peut t'aider à être fonctionnel malgré ta solitude, et à ne pas ressentir le besoin d'être en couple ou en présence d'autrui pour être bien. Il est important de cesser de te définir par rapport à tes relations interpersonnelles et amoureuses. Quand une relation amoureuse se termine, ce n'est pas la fin de tes jours heureux, mais le début d'un cheminement personnel différent. Par exemple, si tu t'aimes toi-même, tu pourras vivre un divorce plus facilement. Cela n'exclut pas ta souffrance et ta peur de la solitude, mais de t'aimer facilitera ton évolution, car tu sauras ce que tu vaux.

Il est important de posséder une bonne estime de toi-même pour ne pas laisser telle ou telle épreuve te détruire. Puisque 99 % de toutes les relations interpersonnelles ou amoureuses ne représentent qu'un passage dans ta vie, il serait souhaitable que tu pratiques le détachement émotif quand l'occasion se présente à toi. Il est préférable de vivre dans la réalité plutôt que de s'enfermer dans un rêve éveillé, et de vivre dans l'attente de l'amour des autres pendant toute une vie.

En amour, la vérité fait parfois très mal et certains divorces ou séparations sont en réalité des événements qui se déroulent pour le mieux-être des deux conjoints. Ce n'est pas toujours la séparation elle-même que les gens pleurent, mais plutôt le sentiment d'échec attribuable à cette séparation. Si tu adoptes une attitude plus saine et réaliste, une séparation deviendra vite une histoire du passé et ta vie continuera. Pour cela, il te faudra du temps, un certain recul, de l'amour de soi et de replacer cette séparation dans son contexte rationnel.

Les gens perdent trop souvent leur estime personnelle par suite d'une séparation, même si la décision était la bonne. Cette fausse croyance ou illusion selon lesquelles toute sépara-tion est un échec sont très néfastes pour notre société en géné-ral. Je crois que l'influence de certaines religions qui stipulent que le mariage dure toute la vie est la cause de cette fausse croyance. Oui, le mariage est une belle union légitime, mais il se doit d'être un complément à ta vie et non le contraire.

Avouer être divorcé est parfois une honte pour certains, car le mot divorce représente des peines, des souffrances et des déceptions. Je dirais même que plusieurs s'empêchent d'envi-sager ce genre d'aveu à cause d'un manque de maturité. Si un jour ta vie amoureuse te fait plus de mal que de bien, il est important d'avoir une bonne estime de soi pour ne pas tomber dans ce piège. Une façon de nourrir ton amour de soi consiste à rehausser ton estime personnelle lorsque tu accomplis des actions et des gestes qui confirment ton intérêt envers ton propre bien-être.

Te soucier de toi-même est important à ce moment-ci. Offre-toi un massage, achète-toi une fleur, écris-toi une lettre d'amour à toi-même, inscris-toi dans un centre de conditionne-ment physique, permets-toi un repas équilibré au restaurant. Voilà des petits gestes qui peuvent sembler insignifiants, mais qui ont un grand impact sur ton estime personnelle. Quand tu fais des gestes et prends des décisions pour toi-même dans le but de reprendre ta vie en main, tu te lances un message à toi-

même pour te signifier que tu es important à tes yeux maintenant.

L'exemple typique est la femme abusée mentalement ou
physiquement qui décide finalement de mettre fin à une relation toxique et abusive. Cette femme retrouvera son estime
personnelle, quand elle aura tenu tête à son mari jaloux et
manipulateur et rejeté toute forme de manipulation de sa part
pour la forcer à réintégrer cette union. Quand tu prends une
décision difficile pour toi-même, quelle que soit cette décision,
malgré ta peur, ton âge ou tes inquiétudes, cela augmente normalement ton estime personnelle.

À l'âge de 64 ans, ma mère a décidé pour la première fois
d'obtenir un permis de conduire. Elle a réussi du premier coup
son test écrit et devait se rendre quelques mois plus tard à la
Société d'assurance automobile afin de passer un test routier.
Son estime en a pris tout un coup, quand on lui a dit qu'elle
avait échoué à son test routier. Ma petite maman avait oublié de
signaler à une intersection et elle était incapable de bien garer
son véhicule en parallèle.

Elle retroussa alors ses manches et retourna quelques
semaines plus tard pour refaire le test routier. Je crois qu'elle
vivait alors un stress additionnel, car elle avait averti ses enfants
de ce deuxième test. Tous ses enfants attendaient son appel à
sa sortie de la Société d'assurance automobile. Cette fois-ci,
pendant son épreuve sur la route, elle a franchi une voie ferrée
sans regarder des deux côtés tout en roulant un peu trop vite,
à la vitesse de 45 km/h dans une zone de 40 km/h.

Elle nous a appris que le moniteur de conduite de la
Société lui avait de nouveau refusé un permis de conduire.
Quand ma mère m'a fait part de cette nouvelle, il y avait de la
tristesse dans sa voix. Elle a alors pris un troisième rendez-vous
à la Société de l'assurance automobile pour recommencer le
test routier. Le pire dans tout ça, c'est qu'elle avait déjà acheté
son auto.

Quelques semaines plus tard, jamais au grand jamais je n'oublierai son appel téléphonique, empreint de joie et de fierté, dans lequel elle s'exclamait: «J'ai passé le test, Marc, j'ai réussi!»

Depuis cette victoire personnelle, sa confiance et son estime de soi ont fait en sorte que ma mère est plus épanouie. Elle se permet de sortir davantage seule et elle a même effectué un voyage en Gaspésie pour son propre plaisir. Depuis qu'elle a obtenu son permis de conduire, son image d'elle-même a grandi, car elle a réussi cette démarche grâce à sa persévérance. J'irais jusqu'à dire que cette action a transformé l'estime de soi de ma mère. Les démarches couronnées de succès nous encouragent toujours en ce qui a trait à l'image que nous nous faisons de nous-mêmes.

Quant à moi, j'ai toujours eu une peur morbide de prendre la parole devant un groupe. J'ai réalisé un jour qu'il ne faut pas attendre d'avoir confiance pour parler devant un groupe, mais qu'il faut affronter cette peur et prendre la parole pour acquérir cette confiance. Je peux vous dire que le fait d'avoir la capacité aujourd'hui de m'exprimer en public a augmenté mon estime personnelle.

Une des composantes de l'amour de soi consiste à se permettre l'erreur, car l'erreur est humaine. Tu ne dois pas oublier que tu es parfaitement imparfait. Ne sois pas trop dur envers toi-même, à l'exemple de tes parents, qui étaient peut-être perfectionnistes eux aussi. De nos jours, ce type de comportement est la cause de plusieurs séparations. Combien de conjoints se sentent diminués quand ils sont incapables d'être à la hauteur des attentes de leur conjoint perfectionniste?

Combien de femmes passent des heures à préparer avec amour une sauce à spaghetti et se font dire par un mari difficile à satisfaire qu'il manque peut-être une épice? Fais en sorte de ne pas tomber dans le piège de vouloir à tout prix plaire aux autres. Fais ton possible, cela est déjà suffisant. De toute façon, tu ne pourras jamais plaire à tous. Lors de mes conférences, parfois on me félicite d'un côté et on me méprise de l'autre. Pourtant, c'est la même conférence. Lorsque nous comprenons qu'il est impossible de plaire à tous, cela nous aide à conserver notre amour-propre.

Un jour, une femme m'a dit qu'elle refusait de changer d'emploi et de se consacrer à sa mission de vie dans le domaine artistique. Elle ne voulait tout simplement pas déplaire à son conjoint et à ses amis. Quand tu t'empêches de vivre un tel épanouissement, je crois que le temps de ta mission n'est pas encore arrivé. Parfois, il te faudra lutter contre tes peurs, développer ton amour de soi et ton estime personnelle avant même d'entreprendre ta mission.

Dans le cas de cette femme, je crois que ce n'était qu'une question de temps, car son désir de vivre sa mission artistique me semblait très apparent dans ses yeux. Son cœur et son désir vont la ramener un jour vers sa mission de vie, j'en suis convaincu! J'aimerais ajouter ceci: quand un conjoint t'empêche de vivre ta mission alors qu'il n'a pas encore connu la sienne jusqu'à ce jour, il est alors incapable de te comprendre concernant cet appel intérieur. L'amour ne consiste-t-il pas à encourager son conjoint, sa conjointe dans ses désirs et ses choix de vie?

Quand j'ai commencé mes conférences, si vous saviez combien de gens ont essayé de me décourager en me disant que mon métier de policier avait une meilleure sécurité d'emploi. Ils me parlaient davantage de sécurité financière que de la possibilité que j'avais d'accomplir ce que j'aimais faire le plus au monde. Un jour, on m'a demandé ce que j'aimerais faire si on m'apprenait que j'avais le cancer et qu'il ne me restait que deux semaines à vivre. Cette question m'a confirmé que j'étais vraiment dans la bonne mission, car ma réponse a été la suivante: «Je ferais une dernière conférence en présence des gens que j'aime.»

Quand tu te sens bien à l'intérieur de toi-même, les mots décourageants que te disent les autres ont moins d'effet. Voilà pourquoi il est important d'apprendre à t'aimer pour découvrir et conserver ta mission de vie. L'amour de soi consiste à accepter ton passé avec calme et sérénité, à pardonner aux gens qui t'ont blessé et à te pardonner à toi-même afin de te libérer des blessures refoulées.

L'amour de soi, c'est quand tu ressens une auréole d'émotions et que tu te sais vraiment honnête et vrai avec toi-même et les autres. C'est de ressentir une confiance et une belle estime pour toi-même. L'amour de soi consiste à aider son prochain à apprendre à s'aimer et à se dépasser lui-même. Je te souhaite de t'aimer suffisamment pour être capable de te regarder dans un miroir et te dire: «Je m'aime.»

L'amour de soi, c'est aussi apprendre à dire non par respect, de même que dire oui par plaisir. L'amour de soi, c'est de te permettre à toi-même de vivre ta mission de vie, pour t'épanouir et donner un sens à ta vie. Pour atteindre l'amour de soi et en faire un mode de vie, il faut des efforts soutenus chaque jour. Il est important de croire dans tes capacités et en ton désir d'améliorer ta vie.

Il est plus facile de parler de quelque chose ou de quelqu'un quand on y croit. Cela dit, je te propose d'écrire un texte sur toi-même et sur ta mission de vie pour vérifier si tu crois vraiment en cette possibilité jusqu'à présent. Si ton texte manque d'enthousiasme ou si tu refuses même d'écrire pour en apprendre davantage sur toi-même, alors cela démontre peut-être un manque d'intérêt pour l'instant. Par contre, ne perds jamais espoir, car il n'est jamais trop tard pour trouver ta mission.

Histoire d'Agathe Madore

J'aimerais vous parler d'une femme de 74 ans, Agathe Madore. Elle s'est présentée un jour à l'une de mes conférences,

Agathe Madore.

le cœur fragile et blessé. À son arrivée, elle était timide, renfermée et portait en elle des années de souffrances accumulées. Agathe disait avoir plusieurs deuils à régler, entre autres, celui de ses enfants et de son mari. Agathe voulait reprendre sa vie en main et elle a participé activement à nos ateliers comme tous les autres et elle a réussi à se pardonner en se libérant de son fardeau.

Après la conférence, ses yeux brillaient de joie, car elle avait enfin retrouvé son vrai moi. Elle était comme une petite fille, toute souriante avec le cœur sur la main. Par la suite, elle a décidé d'offrir de son temps à titre de bénévole pour aider au déroulement de nos rencontres. Entre autres choses, elle s'est chargée de la vente de livres et du dépanneur, ce qui la plaçait constamment en contact avec le public. Avec le temps, au fil des années, Agathe est devenue la grand-mère adoptive des participants.

À ma grande surprise, Agathe m'a demandé un jour si elle pouvait se présenter devant le groupe pour nous chanter une chanson a capella. Quelques semaines plus tard, elle m'a annoncé qu'elle suivrait un régime pour améliorer sa santé : elle a perdu 18 kilos sans les reprendre. Oui, Agathe fait maintenant des choses qu'elle n'aurait jamais accomplies auparavant. Elle dit qu'elle se permet enfin de vivre. Un jour, elle s'est même présentée à l'une de mes conférences, à Grand-Sault, au Nouveau-Brunswick, pour me saluer et m'aider.

Elle affirmait qu'elle « se payait » des vacances en même temps. Elle a parcouru plusieurs villes au cours des six dernières années pour aider des gens de partout dans leur évolution personnelle. Agathe participe encore aujourd'hui à titre de conférencière lors de mes conférences. Elle prend parfois la parole devant le groupe pour témoigner de l'importance de s'aimer et de pardonner. À voir son évolution en si peu de temps, j'ai compris qu'elle avait trouvé sa voie et sa mission : aider son prochain.

Agathe est une amie formidable à qui l'on peut tout dire. Elle a une écoute incroyable et un cœur d'or. Dans la vie, il y aura toujours de jeunes vieux et de vieux jeunes. Il est beau de voir à quel point une mission de vie apporte un regain d'énergie en ce qui a trait aux démarches à accomplir. Je comprends maintenant pourquoi tant de retraités se sentent perdus et inutiles après avoir quitté leur emploi.

Avec le temps, je réalise que bien des gens qui apprennent à s'aimer eux-mêmes voudraient qu'il en soit ainsi pour les autres, au point d'en faire une mission de vie. Je suggère à ceux qui ne se sont pas donné comme mission d'aider les autres, d'adopter tout de même cet esprit dans leur mode de vie. Bravo à Agathe d'être un « canal » de bonté dans ce monde. Avoir une raison de vivre nous rend des plus vivants. Agathe en est un bel exemple !

LES ENNEMIS DE L'ÂME

Les dépendances

La personne dépendante non traitée a généralement le mal de vivre et elle cherche à s'évader d'une façon ou d'une autre pour oublier, fuir ou pour refuser de ressentir ses émotions. Un être dépendant utilise souvent une substance, d'une façon inappropriée, qui lui apporte un bien-être illusoire et temporaire. Il se peut aussi qu'il adopte un comportement obsessif à l'égard du jeu, du réseau Internet, du sexe, du travail, de l'exercice ou de la nourriture afin de combler son vide intérieur.

Son refus de s'aider peut lui apporter une détresse ou un dysfonctionnement psychologique et physique. Avec le temps, sa dépendance à une substance ou l'autre peut l'entraîner jusque dans la mort. L'être dépendant est souvent impulsif à la moindre émotion. Ce qui le rend plus sensible à une rechute, et dans certains cas extrêmes, au suicide. Le suicide est le plus souvent associé indirectement au désir de faire cesser un mal émotif plutôt que de vouloir mettre un terme à la vie.

Les émotions les plus fréquentes qui stimulent un désir d'évasion chez l'être dépendant sont: le manque d'affection, l'ennui, l'abandon, la tristesse, la déception, la rage, la trahison, l'injustice, l'humiliation, le stress et la solitude. Son manque d'amour pour lui-même le porte aussi à dépendre des autres pour justifier son existence. Le toxicomane, l'alcoolique et la personne pharmacodépendante sont fondamentalement et majoritairement des êtres dépendants affectifs.

Tu n'as qu'à demander à un alcoolique de te raconter ses histoires d'amour passées pour comprendre. Si tu lui demandes en plus de te parler de ses parents et de son enfance, tu risques bien des fois de faire sauter sa marmite émotive. L'alcool fait partie de la vie courante de bien des gens et sa consommation ne présente aucune difficulté pour certains. Plusieurs peuvent facilement s'en abstenir ou en consommer modérément dans certaines occasions.

Tu connais sans doute bien des gens qui aiment déguster un bon vin à l'occasion sans pour autant en être dépendants. L'alcool devient un problème quand une personne ne peut pas s'en abstenir et recherche la sensation d'enivrement pour oublier ou « geler » son mal émotif. Pour ces gens, on dit qu'une bière est de trop et 24, pas assez. Tu es le seul à être responsable de ta consommation. À chacun sa vie !

J'ai plutôt tendance à responsabiliser les gens dans ce domaine et non à les moraliser. Si tu crois avoir un problème d'alcool ou de drogue, je te suggère de prendre ton courage à deux mains et d'entrer en contact, près de chez toi, avec des associations d'alcooliques ou de gens dépendants de narcotiques. Admettre que tu as ce problème de dépendance est une chose, essayer de comprendre ton vide intérieur et faire la paix avec toi-même et autrui en est la solution.

Le jeu pathologique

De nos jours, le jeu est de plus en plus associé à plusieurs divorces et à des problèmes familiaux. Entretenir dans ton esprit l'espoir que la chance va finalement tourner en ta faveur est la première étape qui peut t'entraîner dans la dépendance au jeu. Le principe du jeu est que le perdant est presque toujours le client.

Si tu ne perds pas tout ton argent, tu pourrais perdre ta famille et ta santé mentale. Cette dépendance est très répandue aujourd'hui depuis la légalisation des casinos et des vidéopokers qu'on retrouve à chaque coin de rue. Je me suis toujours demandé comment un gouvernement pouvait exploiter une telle arnaque. La réponse est simple : c'est très payant. Un petit billet de loterie avec ça ?

Voici certains signes qui indiquent un problème de jeu :

→ Être préoccupé de vouloir aller jouer.

→ Avoir besoin de jouer pour atteindre un état d'excitation émotive.

→ Faire des efforts répétés, sans succès, pour maîtriser, réduire ou arrêter le jeu.

→ Jouer pour échapper aux difficultés de la vie.

→ Retourner au jeu avec l'intention de se refaire de ses pertes.

→ Mentir à sa famille pour dissimuler son problème de jeu.

→ Commettre des actes illégaux pour financer son problème de jeu.

→ Rendre instable une relation amoureuse, un emploi ou ses études à cause du jeu.

→ Se sentir désespéré à cause du jeu.

→ Avoir honte de soi en raison de ses pertes.

→ Avoir des pensées suicidaires attribuables à des pertes excessives.

→ Se croire plus intelligent que la machine à sous ou son mode de paiement.

→ Banaliser sa dépendance en disant que ce n'est que de l'argent.

Quand la nourriture devient une drogue

Actuellement, plusieurs personnes sont aux prises avec un trouble d'alimentation compulsif, et elles se comportent avec la nourriture de la même façon qu'un alcoolique avec l'alcool. Elles mangent quand elles n'ont pas faim comme si elles essayaient de camoufler une émotion intérieure mal gérée. Elles ont des faims violentes et pressantes en dehors des heures de repas, le jour comme la nuit. Il leur arrive même de manger en cachette, car elles ont honte de leur problème, tout comme l'alcoolique encore une fois.

Leurs émotions mal gérées, plus particulièrement l'ennui, la frustration et la culpabilité, les portent à manger. Après avoir trop mangé, ces personnes se sentent coupables sachant très bien qu'elles vont prendre d'autres kilos, ce qui les porte à manger davantage. Ce cercle vicieux peut continuer pendant toute une vie et les rendre très malheureuses dans leur peau. As-tu déjà connu des personnes avec un excédent de poids et qui mangent sans avoir faim?

Elles sont à la recherche de leur prochain repas comme le drogué est en quête de sa prochaine dose. J'ai toujours pensé qu'un bon titre de livre à leur intention pourrait être: *Pardonner pour enfin maigrir*. Je crois que certaines personnes obèses recèlent en elles-mêmes une blessure très profonde: une violence sexuelle, un énorme manque d'amour, un abandon ou un traumatisme de l'enfance. Je ne parle pas ici des gens qui ont des problèmes de nature médicale avec leurs glandes. La nourriture devrait être notre amie et non pas le contraire.

Lorsque le travail devient une dépendance

Le bourreau de travail se sent obligé de consacrer de plus en plus de temps et d'énergie à son travail au détriment de sa vie personnelle et familiale. Le « drogué de travail » a pour centre de son univers le travail et il éprouve de la difficulté à ne plus penser aux travaux qu'il doit accomplir, une fois chez lui.

Il est parfois incapable de s'amuser en dehors des heures de travail. Il y a ici une différence à faire entre les gens responsables, déterminés et audacieux de nature, et ceux qui manquent d'estime personnelle et veulent se valoriser grâce à leur emploi, afin de plaire constamment aux autres. Tout ça n'est qu'une question d'équilibre et d'en arriver tout simplement à te garantir une vie à toi en dehors de tes heures de travail.

Concept de dépendance sexuelle

Quand un individu a des besoins ou des pensées sexuelles irrépressibles et répétitifs au quotidien, on parle de dépendance sexuelle. Cette dépendance peut être alimentée de fantasmes et de masturbations fréquentes pour assouvir des besoins. La sexualité tout comme l'amour devrait être un complément à ta vie et non une dépendance. Dans certains cas de dépendance avancée, un désir sexuel continuel peut même causer des problèmes dans la vie de tous les jours.

Cette forme de compulsion sexuelle se retrouve tout autant chez la femme que chez l'homme. Cette dépendance prend parfois naissance d'une manière extraordinaire. Dans de telles circonstances, le sexe devient le principal mécanisme compensatoire quand tu es confronté à un manque d'amour-propre, un manque d'estime de soi, un deuil amoureux non résolu, une période de stress ou simplement un besoin d'évasion.

Un orgasme libère des endorphines qui procurent un sentiment de bien-être à ton cerveau et à tout ton corps. Cela explique pourquoi il est fort possible que cette dépendance soit à la fois physique et psychologique. À l'instar de plusieurs dépendances, la zone de plaisir est aussi accrocheuse que dévastatrice. Combien de divorces pour une nuit de plaisir?

Précisons ici que quand on parle d'anormalité sexuelle, on ne parle pas de ces couples qui vivent une belle passion sexuelle quotidienne dans le partage de leur amour. La différence entre normalité et anormalité dépend de la raison principale qui nous incite à vouloir une relation sexuelle. Vivre avec une personne aux prises avec une dépendance sexuelle devient un fardeau avec le temps, car son besoin non assouvi favorise les sautes d'humeur.

Se donner sexuellement sans le vouloir réellement n'est jamais très bon pour l'estime personnelle. Pour certains, dire non à la sexualité rehausse leur estime de soi alors que pour d'autres, dire oui au sexe rehausse également leur estime personnelle. À chacun son choix. Le sexe n'est pas toujours synonyme d'amour.

ÊTRE HEUREUX DÉRANGE

Tous les trésors de la terre ne valent pas le bonheur d'être heureux. Être heureux est un état d'âme qui procure une source extraordinaire de bien-être à qui le vit. Quand tu es heureux, il est toujours plus facile de donner aux autres avec sourire et plaisir. Un simple compliment élève l'esprit d'une personne et peut faire une grande différence dans sa journée. Il est bon d'exprimer ton appréciation aux gens plutôt que de les laisser se demander si quelqu'un les aime.

Les gens malheureux ont parfois de la difficulté à recevoir de petites attentions sympathiques ou simplement des marques de reconnaissance toutes simples, croyant qu'on attend quelque chose de leur part en retour. La raison pour laquelle ils cultivent ces pensées, c'est que s'il leur arrive d'accorder ce même genre d'attention aux autres, ils s'attendent, eux, à recevoir en retour. C'est ce qu'on appelle « être dans la projection émotionnelle ».

As-tu remarqué qu'une personne heureuse a habituellement plus de facilité à parler des vraies choses de la vie sans réserve ni réticence ? Elle n'a pas peur de se montrer sous son vrai jour et s'exprime avec son cœur et ses sentiments. Cela n'est pas sans déranger plusieurs personnes autour d'elle. Parler des vraies choses avec simplicité, sans rien compliquer, peut éloigner des gens qui ont peur de cette intimité. Parler franchement avec son cœur révèle les émotions qui sont à la surface et ce franc-parler, où l'on se donne la liberté d'exprimer toute sa pensée, inquiète les gens qui ont peur de faire l'effort de se connaître ou de se dévoiler sous leur vrai jour.

Combien de fois une simple vérité dite à un de tes collègues de travail, par exemple, nuira-t-elle à votre relation à long terme ? Les gens malheureux et qui ont une faible estime d'eux-mêmes ne sont pas tous enclins à écouter une critique, même si elle est constructive. Je n'oublierai jamais les premières paroles que m'a dites Stéphane, mon agent et producteur de conférences-spectacles, lors de notre première rencontre : « Moi, Marc, on m'aime ou on ne m'aime pas pour la même raison : je dis ce que je pense ! » Cela m'a tellement fait plaisir, car c'est à mon avis le genre de relation qui est le plus souhaitable à développer, en amitié comme en affaires.

Le genre humain étant ce qu'il est, il y a également des gens qui sont jaloux du bonheur et du succès des autres. Au lieu d'être fiers d'eux et de ce qu'ils vivent, ils vont les juger pour des riens. L'envie est souvent la source de plusieurs problèmes entre les membres d'une même famille. Et pourtant, le fait d'apprendre que ton frère ou ta sœur réussit bien sa vie devrait être célébré et non dénigré. Quand tu te refuses à faire l'éloge d'un succès éclatant, c'est parfois le reflet évident de ta jalousie qui, même si tu t'en défends, est manifestement très présente.

J'ai toujours admiré ma copine qui n'hésite jamais à me le dire quand elle voit une belle femme passer devant nous. Combien de femmes ont de la difficulté à vivre avec certains de leurs complexes et seraient très désavantagées de se comparer aux autres femmes? Lors de mes conférences, je demande parfois aux participants qui n'ont aucun complexe de se lever. Le résultat est tellement triste, je vous assure.

Un de mes petits frères me parlait d'une femme à son travail, qui était assise à la réception de leur immeuble, et dont le mandat était d'accueillir les clients et les employés à leur arrivée, chaque jour. Le problème, me disait-il, c'est qu'elle était figée dans une attitude tellement morose, et ce, depuis des années. Ses yeux étaient vides et semblaient sans vie, son parler était monotone et manquait de passion. Au fond, c'était la personne la plus visible et la plus connue par tous les gens qui venaient dans cet immeuble. Une chance pour elle que le syndicat défendait ses intérêts professionnels, car elle n'esquissait presque jamais un sourire et ne manifestait aucun enthousiasme, alors qu'elle travaillait à l'accueil de l'entreprise.

Un jour, mon frère m'a révélé que cette collègue de travail vivait un problème personnel et qu'il avait cru bon de lui parler de mes conférences. Elle a manifesté de l'intérêt pour venir y participer, ce qu'elle a fait. Au cours de cette conférence, cette dame a appris à s'aimer et elle a renoué avec un nouvel éclat de son âme. Un sourire sincère animait maintenant son visage. Le lundi matin, à sa reprise du travail, elle était métamorphosée. Son accueil était désormais si chaleureux que tout le monde se tournait vers elle et en restait bouche bée.

Alors, les rumeurs se sont mises à aller bon train. Mon frère me racontait que certains croyaient qu'elle prenait des pilules maintenant, tandis que d'autres étaient persuadés qu'elle avait sûrement trouvé un amant. As-tu remarqué qu'on juge facilement des gens confiants et fiers? Ressentir enfin un bien-être intérieur déplace de l'air autour de toi, mais le tout vaut fort bien cette joie.

J'ai toujours dit qu'il était plus facile d'être malheureux que d'être heureux. N'oublie pas que bien des gens ont réussi à trouver le bonheur parce qu'ils ont travaillé avec persévérance à libérer leurs émotions, à bâtir et à entretenir leur confiance en eux-mêmes. Sois fier d'être heureux même si cela implique de déranger ton entourage. La plupart du temps et sans le savoir, tu apporteras un brin d'espoir et d'amour aux gens que tu croiseras sur ta route. Un petit secret du bonheur est d'être reconnaissant envers la vie et d'y prendre plaisir tout en acceptant qu'elle ne puisse être parfaite à tout moment.

Il ne faut pas craindre par peur d'être jugé,
critiqué, incompris ou rejeté
de se montrer tel que l'on est.

Aimer, laisser la vie se passer

Aimer, laisser la vie se passer
Profitant regarder
Les gens vivre et aimer

Donner du regard de l'oreille
Être aux autres pareil
Comme ils sont dans leur vie

Être bien quand soudain
Les autres vivent bien
Quand leur vie nous réjouit
D'entendre tous leurs bruits

Quand leurs bruits sont gentils
Quand leur cœur est gratuit
Quand ce qui les unit
Vient comprendre la vie
Nous faire dire merci

Aimer, laisser la vie se passer
Profitant regarder
Les gens vivre et aimer

PAROLES ET MUSIQUE : JEAN-PIERRE MANSEAU

Le chemin de l'être

ÊTRE SOI-MÊME

Il est difficile d'être toi-même dans ta vie adulte lorsque, depuis que tu es tout petit, on t'a appris à plaire et à t'adapter afin d'être aimé, d'être accepté à l'école et d'être récompensé. Ce n'est ni plus ni moins que ce que je compare à un instinct de survie. Pour pouvoir te retrouver toi-même, à travers toutes les phases de transition que tu as traversées pour devenir adulte, il t'a fallu transgresser d'anciennes règles parentales, recueillir de nouvelles informations et acquérir de multiples compétences humaines et sociales afin d'incarner ton moi authentique. Et d'autant plus si tu as grandi dans une famille dysfonctionnelle, dans laquelle on te demandait de jouer certains rôles qui ont tué ton « moi intérieur ».

Si par exemple tu étais le petit garçon d'une mère perfectionniste, tenu d'incarner le prince charmant parfait, toujours fin, poli et bon pour sa maman chérie, peu importe ce quelle lui demandait. Tu n'as sûrement jamais pu prendre ton courage à deux mains pour lui exprimer tes frustrations et ne pas lui déplaire. Tu étais sa vedette, son enfant adoré et elle te vantait pourvu que tu répondes parfaitement à l'image de l'enfant idéal qu'elle avait en tête. À la longue, et sans le vouloir vraiment, tu as développé une accoutumance à ce rôle bien précis qui a quelque peu éteint ta capacité d'être toi-même jusqu'ici tout au long de ta vie.

Et pourtant, combien d'enfants se rebellent et se révoltent de devoir subir cette pression pour satisfaire l'image et les stéréotypes que leurs parents veulent leur voir adopter? Un jour, dans leur révolte, ils deviennent exactement le contraire de ce qu'on attendait d'eux. Combien d'enfants drogués, prostitués et sans emploi ai-je rencontrés, crois-tu, et qui sont issus de foyers où les parents sont perfectionnistes et trop exigeants à leur égard?

Laisse à tes enfants la liberté d'être eux-mêmes dans la mesure où leurs actions demeurent saines et sans danger. Qu'est-ce que ça fait au fond que ton enfant qui cherche sa propre personnalité rentre à la maison avec les cheveux teints de quatre couleurs vives? Pourquoi pas ne pas lui dire que tu l'aimes autant même si ses cheveux ne correspondent pas à tes critères esthétiques? Qu'est-ce que ses cheveux de couleur changent à l'amour que tu éprouves pour lui ou pour elle? Cette situation et ce qu'elle te fait vivre est certainement propice à ce que tu démontres enfin à ton enfant que tu le respectes et le comprends malgré ses différences. Combien de conjoints acceptent entre eux de jouer des rôles adaptés sur mesure selon les circonstances et se refusent d'exprimer leurs insatisfactions pour ne pas provoquer de chicanes qui entraîneraient une séparation?

Quand j'étais policier, j'ai pu voir des gens jouer toute une gamme de rôles, autant de la part des citoyens par rapport à moi que de mon rôle vis-à-vis des citoyens. Au début de ma carrière, j'ai cru que plusieurs voulaient être mes amis, alors qu'en réalité ils souhaitaient simplement se vanter d'avoir une relation amicale avec un policier, parce que «ça faisait bien», et dans certains cas, pour éviter des contraventions.

De mon côté, je jouais le rôle du gars sûr de lui et qui est au-dessus de tout pour imposer le respect pendant mes interventions policières. Parfois, avec des avocats et même avec certains juges de paix, on rigolait ensemble dans un contexte jovial et fraternel. Une heure plus tard, on se retrouvait en cour, on reprenait un rôle très sérieux et naturellement notre langage l'un envers l'autre changeait. J'avais l'impression de faire partie d'un cirque où chacun interprétait un rôle.

C'est pourquoi j'ai toujours trouvé très risible qu'on fasse jurer sur la Bible les plus grands fraudeurs, voleurs et manipulateurs comme si cela allait changer quelque chose à leurs témoignages. Eux aussi devaient s'en tenir à leur rôle si l'on peut dire. Le fait que la cour était bondée de policiers, d'avocats, d'un juge et de 12 jurés pour écouter un témoignage sous serment était bien la preuve que la simple promesse, sur la Bible, de dire la vérité n'était pas très crédible aux yeux de qui que ce soit. Par contre, on aurait pu tout simplement demander à ces accusés s'ils admettaient ou non leur responsabilité, sans avoir à faire appel aux longues et tortueuses procédures judiciaires.

Combien d'enfants ont osé exprimer leur amour, dans leur langage à eux, à un père malheureux pour ensuite se faire ridiculiser et qu'on leur dise que ces paroles étaient inutiles et ne représentaient qu'une forme de radotage sentimental? Mais pour cet enfant qui avait mis tout son cœur dans cette déclaration d'amour à son père, pour ce petit être qui se permettait enfin de lui signifier à quel point il l'aimait, même si son père ne pouvait pas lui témoigner ce genre d'affection, trop pris qu'il était dans des convenances et des non-dits, un si mauvais accueil de sa part et une telle résistance ont certainement engendré une certaine honte toxique chez l'enfant. Résultat, l'enfant s'est refermé sur lui-même et a été incapable ensuite de parler de ses sentiments amoureux, même au cours de sa vie adulte.

Et j'en parle en connaissance de cause, car le jour où j'ai enfin réussi à exprimer de l'amour, c'est l'un des premiers pas qui m'a aidé à sortir de ma coquille et à me retrouver. Je n'oublierai jamais la première fois que j'ai dit à mon père «je t'aime». J'avais 27 ans et c'était le début de ma libération intérieure. Mon père s'est laissé toucher par mes mots et petit à petit, il s'est intéressé à mes conférences et y a assisté en compagnie de ma mère à au moins 50 reprises.

Parler d'amour et de vraies choses avec mes parents m'a permis de devenir vrai avec moi-même. Ce rapprochement émotif avec eux a été des plus merveilleux. Mes parents sont ainsi devenus des amis pour moi et notre relation était très saine. Le jour où mon père est décédé, j'ai pu lui exprimer mon amour de nouveau et une larme dans ses yeux m'a indiqué qu'il m'avait compris. La mort d'un père ou d'une mère est une peine qui fait remonter à la surface ton enfant intérieur et qui te rappelle quel don tes parents t'ont fait de te mettre au monde.

Oui, être soi-même sans artifice est un état d'âme authentique des plus réconfortants. Tu dois t'accorder le droit d'être libre de parler et d'agir dans ta vie. Vivre dans la vérité et dire ce que tu penses au lieu de ravaler et de chercher à dissimuler certaines choses, est bon pour le maintien de ta santé en général. Tu as droit à tes sentiments, tu peux être triste et en colère, et le faire savoir aussi.

Il y a toutefois une différence entre le fait d'exprimer une émotion et de réagir après qu'une émotion t'a bouleversé. La colère, par exemple, est une émotion parfaitement légitime. Elle te révèle que tes besoins ou tes droits fondamentaux ont été bafoués. Dans cette optique, il est parfaitement justifié d'exprimer ta colère, mais il est beaucoup moins légitime de frapper, de blasphémer, de crier ou de détruire les biens d'autrui pour laisser libre cours à la rage qui t'envahit.

Tu as le droit de pleurer, peu importe ce que les autres pensent de toi. Tu as le droit de rire et de t'amuser comme bon te semble. Jouer, c'est une façon de simplement être. Tu as le droit d'être sensible à un autre être humain ou de ne pas l'aimer, peu importe la raison qui te motive, et de plus, tu as le droit de le lui mentionner respectueusement. Tu as le droit de dire non aux exigences des autres et de dire oui aux loisirs qui te font du bien. Tu as le droit de dire le fond de ta pensée à qui que ce soit, peu importent son titre, son emploi ou sa position dans ta famille.

Tu as le droit de faire part de ton mécontentement à l'égard d'une situation même si une autre personne pouvait en être blessée. Il est bon cependant d'agir avec tact en prenant soin de préciser que tu n'aimes pas moins cette personne, mais que tu te dois d'être vrai avec elle pour respecter ton intégrité et votre relation interpersonnelle. Le fait d'être vrai ne plaira pas nécessairement à tout ton entourage. Trop de gens aimeraient te voir selon l'image qui leur convient et qui ne les dérange pas trop dans leurs façades. La vérité de l'être est pourtant tout autre.

Imagine un politicien qui doit faire certaines déclarations qui vont à l'encontre de ce qu'il pense profondément ou qui doit afficher des valeurs qui ne sont pas les siennes afin de bien représenter la morale d'un parti politique. Pense à cette conjointe qui est obligée d'avoir les mêmes opinions que son mari afin de lui démontrer son amour et préserver une image complice en public. Alors, c'est fini le cinéma? Je te suggère dorénavant d'être toi-même et rien de moins.

Ne sois pas ce «visage à deux faces», comme on dit familièrement. Dis ce que tu ressens. Il m'est arrivé de discuter dans un café avec des gens qui me parlaient de leurs nombreux problèmes de santé et de leur vie amoureuse turbulente. Pendant notre conversation, ils se faisaient saluer par plusieurs personnes et chaque fois ils répondaient que tout allait bien! Bien entendu, il n'est pas nécessaire d'étaler tes problèmes au grand jour, mais il n'est pas nécessaire non plus de dire que tout va bien quand ce n'est pas le cas.

Personne ne peut présenter deux visages sur une longue période de temps et rester sain d'esprit. Petit à petit, ta santé s'en trouvera affectée si, jour après jour, tu dis le contraire de ce que tu penses vraiment. Permets-toi d'être toi-même et de t'exprimer avec transparence et humilité, et tu verras qu'avec le temps, être vrai deviendra ton mode de vie.

VAINCRE SA TIMIDITÉ

Tu ne viens pas au monde timide ou gêné, tu le deviens. En réalité, le timide a simplement besoin de plus de temps que les autres pour s'adapter aux situations sociales nouvelles, car il développe une peur et parfois une anxiété à s'intégrer parmi les gens.

Trop souvent, son regard sur lui-même est négatif et il n'est jamais trop confiant en ses capacités. En raison de la faible estime qu'il a de lui-même, une critique constructive est souvent pour lui synonyme de rejet. Petit à petit, le temps et ses expériences de la vie finissent par le transformer et ce genre de réaction peut disparaître.

Il reste cependant que la timidité doit être soignée avant qu'elle ne mène à l'isolement, la dépression et, dans certains cas, au suicide. Les gens renfermés ont rarement tendance à s'exprimer, si bien qu'au moment où ils décident d'exprimer leurs émotions, un danger s'installe : le tout peut sortir de manière assez brusque. Combien de drames passionnels sont commis par des gens renfermés ? Quand les gens témoignent ensuite, dans le cadre des informations télévisées, les voisins confirment qu'ils vivaient à côté d'une bonne personne tranquille sans histoire, qui ne critiquait jamais, qui n'élevait jamais même la voix et que tout le monde semblait aimer.

Un timide a tendance à être sensible et fragile sur le plan émotionnel. Avec le temps, son entourage devient en quelque sorte codépendant de cette timidité et s'habitue à porter des gants blancs pour pouvoir lui parler des vraies affaires, sans blesser sa susceptibilité maladive. On reconnaît une personne timide à plusieurs symptômes très révélateurs. Par exemple, la timidité se traduit par une gêne exagérée qui provoque parfois une transpiration excessive, une sensation d'étouffement, des rougeurs à la figure, un bégaiement et une raideur musculaire qui entraînent des gestes maladroits.

Mets-toi dans la peau d'un timide l'espace d'un instant et pense simplement au stress intolérable qu'il doit vivre quand il est sur le point de faire des avances amoureuses ou sexuelles. Juste le fait d'anticiper les paroles qu'il va prononcer afin d'essayer de séduire va lui faire perdre tous ses moyens et il exprimera son message si maladroitement qu'il ne sera sûrement pas pris au sérieux.

Dans certaines de mes conférences plus spécialement réservées et conçues pour les célibataires, j'explique aux gens que la réussite des avances amicales ou amoureuses est basée autant sur la façon de communiquer ce qu'ils ont à dire avec assurance que sur le message lui-même. Je leur enseigne aussi le principe que si tu ne demandes rien, il y a de fortes chances que tu ne reçoives rien.

Chez l'enfant, le comportement et le soutien des parents sont primordiaux. Ils doivent encourager et stimuler leur enfant dès qu'il perd un peu d'estime de lui-même, à l'école comme dans sa vie relationnelle. De plus, si l'enfant vit dans un milieu trop protecteur, cela peut être plus difficile pour lui d'acquérir son autonomie et de s'épanouir pleinement. Si tu es parent, il est donc de ta responsabilité d'habituer ton enfant à ce qui l'attend dans ce monde.

Le simple fait de le présenter à tes amis adultes, de lui laisser un peu de temps pour s'adapter et se sentir à l'aise en leur présence, peut l'aider à développer sa confiance et son autonomie personnelles. Encourage ton enfant à s'exprimer sans retenue ni complexes et à se montrer tel qu'il est avec ses forces et ses faiblesses. Un enfant unique qui a grandi dans un environnement adulte en se sentant exclu, ou encore l'enfant qui a manqué d'affection ou de compréhension de la part de ses parents, ce dernier pourrait développer de la timidité et avoir de la difficulté à la surmonter.

Enseigne à ton enfant à ne pas être intimidé par un uniforme ou par un titre. Alors que j'occupais les fonctions de policier, j'ai pu constater pendant des années que des automobilistes tremblaient, et même certains d'entre eux pleuraient, quand je leur demandais une explication pour leur infraction routière, tellement ils étaient apeurés. Et pourtant, si dès le départ un automobiliste était assez franc pour me dire la vérité, je le récompensais souvent en lui donnant une chance, ce qui l'encourageait à faire preuve d'honnêteté. J'avoue toutefois qu'ils n'étaient pas tous aussi réservés et plusieurs n'éprouvaient aucun problème à m'engueuler comme du poisson pourri.

Chose certaine, un individu fragilisé sur le plan émotionnel sera plus enclin à souffrir de timidité au cours de sa vie. Aussitôt qu'un enfant se sent différent des autres, il devient plus sensible à ce que les autres pensent de lui et il a plus facilement tendance à se renfermer sur lui-même. C'est le cas notamment des enfants dévalorisés par leurs parents ou leurs amis. Il en est de même d'un enfant élevé par des parents perfectionnistes. Le pauvre n'arrive pas à croire en lui-même ou en ses capacités, car il n'est jamais à la hauteur des attentes que ses parents cultivent à son égard. Et puis, il y a l'enfant dont on ne cesse de se moquer à l'école ou à la maison et qu'on provoque par des taquineries continuelles.

Combien de gens, une fois adultes, peuvent nous dire le surnom qu'on leur donnait étant jeunes et qui a considérablement nui à leur estime personnelle ? Il y a aussi l'enfant issu d'une famille dysfonctionnelle qui entend ses parents se disputer à longueur de journée, qui vit de séparations multiples en renouements pas toujours très heureux. Si de plus, l'enfant a une mère alcoolique et un père qui se retrouve fréquemment en prison, l'enfant éprouvera encore davantage le sentiment d'être différent des autres. Sa timidité en sera alors accrue.

Par ailleurs, la difficulté ne sera pas moindre pour l'enfant qui doit s'adapter à une garde partagée entre ses parents. Il doit maintenant expliquer à ses amis pourquoi il reste dans deux maisons différentes, la raison pour laquelle il est élevé par quatre parents et qu'il compte désormais trois demi-frères de plus. Déjà de tracer le portrait de ses nouvelles familles et de se comparer aux autres, c'est amplement suffisant pour qu'il se sente différent.

La timidité de l'enfant naît parfois d'un défaut physique ou d'un défaut intellectuel tel que la dyslexie. Quand l'enfant éprouve certaines difficultés à lire, à reconnaître ou à reproduire le langage écrit, il se sent terriblement mal à l'aise et à part des autres. Mais la raison peut être tout autre et ne pas relever d'une incapacité physique ou intellectuelle.

Quand j'étais jeune, je me rappelle une fillette qui était très renfermée sur elle-même parce qu'on se moquait de son père qui travaillait au service de la voirie et qui exerçait le métier d'éboueur. Comme le père était chargé de ramasser les ordures ménagères sur la voie publique, on agaçait constamment sa famille à ce sujet et la fillette en était très affligée. Alors, comme tu peux le constater, plusieurs scénarios possibles peuvent provoquer la timidité chez un enfant et le garder longtemps dans cet état de manque d'aisance et d'assurance en société. Cet état qu'il doit justement vaincre pour prendre sa place dans la société et réussir sa vie.

Dans certains cas plus sérieux, la timidité peut carrément devenir un handicap. J'ai déjà rencontré une personne tellement timide et introvertie qu'elle avait de la difficulté à prendre le combiné pour commander par téléphone une simple pizza. Combien d'artistes vomissent-ils leurs tripes avant d'entrer sur scène soir après soir? Jacques Brel était l'un de ceux-là. Lui qu'on connaissait comme l'artiste frondeur, un être brillant, prêt à livrer tous les combats, était néanmoins un grand timide. Francis Cabrel affirme lui-même être timide.

Combien d'artistes vont jouer aussi la carte de l'humour afin de dissimuler leur timidité non maîtrisée? Lors de certaines entrevues, j'ai remarqué, entre autres, que pour tenter de se donner une contenance, l'artiste va saisir le verre d'eau ou la tasse de café à sa portée de 10 à 12 fois en 10 minutes, sans jamais en boire une seule gorgée. La peur d'être lui-même le fait réagir de façon mécanique et pour être à l'aise il fait un geste qu'il a l'habitude d'effectuer, c'est-à-dire de porter sa tasse de café à sa bouche afin de se mouiller les lèvres chaque fois. Sa timidité et sa peur sont tellement grandes qu'elles le rendent inconscient de ce mouvement répétitif.

Après avoir participé à plusieurs interrogatoires policiers, je peux t'assurer que, dans ce métier, tu apprends assez vite à lire le non verbal. J'ai remarqué que, systématiquement, le timide éclate en crise de fous rires exagérés. Cela explique son inconfort dans la situation présente, et parfois un désir de se rapprocher sur le plan amical assez rapidement de son interlocuteur, pour se défaire de sa gêne ou du moins cesser de la cacher. Le tout est parfois totalement inconscient. C'est d'ailleurs le cas de certaines émissions radiophoniques à la radio avec des animateurs qui s'efforcent d'être drôles malgré leur humour qui manque de spontanéité.

Avoir le trac n'est pas une maladie. Au contraire, il n'y a rien de plus normal que de ressentir une angoisse intense avant la présentation d'une chanson, d'une conférence ou pour une entrevue afin de postuler un emploi en vue d'une promotion. Ne te crée pas de scénarios catastrophiques dans ton imagination avant même de commencer. Si par exemple tu es envahi par un trac fou qui te paralyse juste avant de prononcer ta conférence, tu peux exprimer aux gens qui sont présents à quel point tu te sens nerveux.

Cela te permettra de te détendre quelque peu. Le fait d'être vrai avec ton auditoire amènera les gens à éprouver de l'empathie pour toi et cela devrait te mettre plus rapidement à l'aise, et t'aider à retrouver ton calme. D'autant plus que cette empathie devrait contribuer énormément à ce que tu te sentes accepté dès le début et à ce que tu reprennes la maîtrise de tes émotions.

Lors d'une rencontre amoureuse qui te trouble, laisse-toi le temps d'arriver, mais mentionne dès les premières secondes de la rencontre la nervosité qui t'habite. Il n'y a rien comme l'honnêteté pour te sentir bien à l'intérieur de toi et te permettre d'être toi-même. Par définition, le trac est une peur paralysante avant l'« épreuve » en question qui te terrorise, mais diminue rapidement une fois que la situation tant anticipée se déroule enfin, et souvent pour le mieux. Tu n'as donc que quelques secondes, tout au plus quelques minutes, à souffrir !

Pour t'épauler davantage dans cette démarche qui te déstabilise, fais des séances de relaxation et visualise-toi en train de donner ta conférence, vois comme tout se passe très bien. Tu fais une bonne prestation et les gens t'accueillent et sont reconnaissants de ce que tu leur apprends. Assure-toi de respirer profondément par le nez et d'expirer par la bouche. Remets tes idées en ordre, surtout celles où tu éprouves de la peur. Dis-toi bien qu'une peur a tout juste 2 % de fondement en général. La prochaine fois que tu devras relever un défi de cette taille, ta peur devrait être moins intense. Prends bonne note d'ailleurs que de faire de l'exercice avant une épreuve en diminue considérablement le stress.

Un bon conseil : si c'est possible pour toi de te mettre en position d'échanger le plus souvent possible des conversations avec des étrangers, ou des gens que tu connais peu, cela t'aidera à sortir de ta coquille. Un nouvel emploi qui t'amène à rencontrer beaucoup de gens et à avoir des relations publiques te sera bénéfique en ce sens. Entrer en contact avec d'autres êtres humains est toujours en quelque sorte un atout pour ta croissance personnelle, pour apprendre à te connaître et à apprivoiser les autres pour vaincre ta timidité.

Pour surmonter ta timidité, tu dois t'accepter tel que tu es et te montrer sous ton vrai jour. Exerce-toi à être toi-même au quotidien afin que cela te devienne naturel et fasse partie de ton mode de vie. Encore une fois, il est très important de ne pas te définir selon ce que les autres pensent de toi. N'oublie jamais que tu ne peux plaire à tous et que tu ne peux faire que de ton mieux.

Te faire confiance malgré ton manque flagrant d'assurance t'aide à grandir intérieurement et à te transformer. Je te souhaite de dépasser tes limites, et un jour d'anticiper avec plaisir de présenter une allocution devant une foule ravie.

« *Lorsqu'on est pleinement dans sa mission de vie, le temps devient une simple ombre de l'éternité. Une des plus belles missions sur terre est de faire du bien aux autres. Voilà ce qui nous unit profondément et qui fait de nous des frères dans l'Esprit. Vivre la fraternité spirituelle qui est une des plus grandes réalisations humaines.* »

GUY PERRON

Le chemin de la mission de vie

TA MISSION DE VIE

As-tu déjà amené un enfant dans un magasin de jouets pour lui acheter un petit cadeau. C'est le genre d'événement qui survient assurément plusieurs fois par jour, partout dans ce monde, sans que les gens en tirent pour autant une leçon de vie. Une fois sur place, dis à l'enfant qu'il peut choisir un seul jouet parmi plusieurs dans la même gamme de prix. Les yeux pétillants de joie, courant d'une allée à l'autre, il va arriver un moment où l'enfant va s'exclamer : « Voici ce que je veux ! »

Si l'enfant choisit un ballon bleu, par exemple, demande-lui avant de quitter le magasin s'il est bien certain de son choix. Quand l'enfant est absolument certain de son choix, attends quelques jours avant de lui reparler de son ballon bleu. Remarque que trois fois sur cinq, après une semaine, l'enfant réalise qu'il aime déjà moins ou même plus du tout son jouet. Il t'affirme qu'il aurait dû en choisir un autre. Il se peut même qu'il cherche à te manipuler pour retourner au magasin. Un scénario d'échange de jouets pourrait se reproduire à plusieurs reprises.

Que se passe-t-il donc pour que l'enfant change d'idée en si peu de temps ? Voici la leçon à en tirer : trop souvent, obligé de prendre rapidement une décision, l'enfant choisit ce qu'il pense vouloir et non ce qu'il veut vraiment. Ainsi, combien de gens vont choisir un partenaire de vie de cette même façon quand ils sont incapables d'apprivoiser leur solitude ou quand ils ressentent un désir sexuel intense? Pour eux, former un couple le plus vite possible est parfois plus important que de bien choisir leur partenaire de vie. Tu ne dois pas oublier que le chemin à suivre ici est aussi important que la destination.

Combien de jeunes à la fin du secondaire n'ont pas suffisamment réfléchi avant de choisir dans quelle faculté ils étudieront à l'université? En effet, bon nombre d'étudiants n'ont pas encore ressenti un appel intérieur au moment de faire les choix nécessaires à leur formation. Une fois leurs cours complétés et une fois endettés financièrement, plusieurs étudiants réalisent qu'ils ont fait le mauvais choix de carrière. Ayant gaspillé trop de temps et investi trop d'argent dans leurs études, plusieurs vont s'atteler à un travail qui leur apportera tensions et déceptions jusqu'à leur retraite à 65 ans.

Il est triste que tant de gens arrivent à leur retraite avec le sentiment d'avoir été l'esclave d'un travail qui n'était qu'un fardeau dans leur vie. Aller travailler tous les matins contre son gré est sûrement néfaste pour la santé physique et mentale. Tu n'as qu'à considérer l'absentéisme au travail, les dépressions et le nombre effarant d'épuisements professionnels pour comprendre que pour plusieurs le fait d'aller travailler est rarement agréable.

Dans mon cas, au secondaire, on m'a découragé de ma mission de vie quand j'ai rencontré ce que j'appelle aujourd'hui « un orienteur de désorientation ». À l'époque, ce dernier m'a suggéré fortement de choisir le plus tôt possible un métier pour réussir ma vie. Il affirmait qu'il était préférable que je travaille avec mes mains, insinuant ainsi que j'avais peut-être des lacunes sur le plan intellectuel. C'était sûrement aussi une façon polie de me dire que d'après mes notes scolaires je n'avais pas les qualités requises pour fréquenter l'université.

En outre, le conseil qu'il me prodiguait était le même que mon père me répétait depuis longtemps. Je l'ai donc cru à moitié et par la suite j'ai été démotivé par tout ce qui m'était proposé. Je ne voulais pas être plombier comme mon père, car je n'aimais tout simplement pas ce métier. Nous tous, parents, éducateurs et orienteurs avons la responsabilité d'accompagner nos enfants vers leur véritable épanouissement personnel. Malgré tout, j'ai quand même réussi à découvrir ma mission de vie.

J'ai acquis diverses connaissances sur le plan intellectuel grâce à la lecture de nombreux livres pendant plus de 15 ans. Étant policier, mes multiples rencontres avec des gens dans la misère m'ont aidé à développer mes qualités de cœur et mon empathie à leur égard. À cette époque, le fait d'être à l'écoute de la misère humaine m'aidait personnellement, car j'étais moi-même blessé. Occuper la fonction de policier n'assure pas un bien-être intérieur même si tu es appelé à régler les disputes des autres.

Il est difficile d'imaginer que le petit gars qui n'était pas assez bon à l'école donne maintenant des conférences à des professeurs d'université, à des médecins et à des psychologues. Chaque fois qu'un de mes livres sort en librairie, je ressens une fierté m'envahir à cause de ma persévérance, car ma route n'a pas été facile. Réussir dans des conditions moins favorables nous aide à ne pas laisser un grain de sable devenir une montagne dans notre vie future.

Il est important que tu crois en ta mission de vie, car il est possible que tu rencontres sur ta route plusieurs détracteurs et que tu aies à faire face à des situations décourageantes. On ne peut pas croire en quelque chose que l'on ne ressent pas. Cela dit, il est capital que tu développes principalement ta confiance et ton estime personnelle afin de te préparer pour les tempêtes à venir. Croire en soi-même et en nos capacités représente une force inestimable. Un arbre ne renfonce pas davantage ses racines dans le sol pour se renforcer en prévision d'une tempête. Il reste fort et solide pendant les jours ensoleillés de même que pendant les orages.

Aujourd'hui, je suis fier de ma destinée et je vous en souhaite autant. Aimer son emploi nous permet de s'épanouir tout en gagnant sa vie. Un bel exemple et un modèle à mes yeux est Guy A. Lepage, un animateur et humoriste du Québec qui semble toujours s'amuser durant son émission. Quelles que soient les critiques écrites à son sujet dans les médias, il semble toujours, de semaine en semaine, apprécier ses invités et plaisanter au cours de *Tout le monde en parle*. Ses yeux confirment le plaisir qu'il en retire au point où il nous fait oublier qu'il est en plein travail.

Il m'apparaît important que tu puisses faire la distinction entre ta mission de vie et la manière dont tu désires concrétiser cette mission. Il y a sûrement des centaines d'emplois possibles qui pourraient correspondre à ta mission. Par exemple, la mission d'aider ton prochain ou de préserver la nature ; celle de stimuler l'art chez les jeunes ou bien d'œuvrer dans des projets humanitaires à travers le monde. Il est primordial ici que tu aies le sentiment de contribuer à ce monde et de donner un sens plus complet à ta vie.

Je te suggère d'apprendre à te connaître afin de découvrir ta mission de vie et de choisir le bon chemin pour y parvenir. Tu n'es pas obligé d'associer ta mission de vie à un choix de carrière. D'un autre côté, permets-moi d'ajouter que le fait d'être rémunéré pour un travail qui est également ta mission de vie est quand même formidable. Imagine pendant un instant les longues heures et les années passées dans un emploi. D'un autre côté, envisage pendant une seconde d'être payé pour te faire plaisir et vivre ta mission.

Prends pour exemple un homme qui a comme mission de faire découvrir la nature à son prochain et qui se déniche un emploi comme photographe en forêt ou même en Amazonie. Imagine un artiste qui peint des couchers de soleil pour gagner sa vie. Lors d'une de mes conférences, j'ai rencontré François, un herboriste, qui adore le monde des herbes au point de s'être créé lui-même un emploi dans ce domaine. La nature par son abondance lui rend bien son amour.

Personnellement, j'ai toujours dit que le fait de présenter une conférence n'était pas du travail à mes yeux. Je ne croyais pas être rémunéré un jour pour me divertir à ce point. Il y a longtemps, quelqu'un m'a dit: «Marc, n'oublie pas ce que tu vaux et ce que tu veux de ta vie. Reste ouvert à l'abondance et ose rêver.» Selon moi, plus je suis dans l'abondance, plus je donne à mon prochain et plus la roue semble tourner d'elle-même.

Quand j'étais plus jeune et qu'on me demandait ce que je ferais si je gagnais à la loterie, je répondais toujours que j'aimerais aider les autres avec une partie de cet argent. Oui, vouloir aider autrui a toujours fait partie de ma vie. Quelle que soit ta mission, je crois que chacun de nous est capable de vivre une vie satisfaisante et pleine de sens. L'avantage d'avoir une raison de se lever le matin et de se sentir productif au sein de cette société procure à la fois une joie infinie et la fierté de bien réussir sa vie.

Dans certains cas, c'est la souffrance et l'épreuve d'êtres humains qui font naître plusieurs missions de vie dans ce monde. Prenons l'exemple de Pierre-Hugues Boisvenu, un père de famille dont la fille Julie a été assassinée à l'âge de 27 ans par un homme, en période de probation, à cause d'une condamnation pour agression sexuelle, survenue en août 2000 en Gaspésie. Monsieur Boisvenu est président de l'association des familles de personnes assassinées ou disparues. Ce groupement a pour mission la défense des droits des familles de victimes, de les conseiller et de les accompagner dans leur cheminement.

Lors d'une conférence, une participante du nom d'Annick Royer m'a confié qu'elle vivait un deuil pénible par suite du meurtre de son mari, Benoît Lécuyer, policier de Montréal, abattu lors d'une chasse à l'homme en février 2002. Annick est actuellement membre du conseil d'administration de la maison Monbourquette. Cet organisme a pour mission d'aider les familles et les personnes qui ont de la difficulté à vivre un décès.

Tu n'as qu'à écouter le chanteur Dan Bigras te parler des jeunes de la rue pour voir et comprendre dans ses yeux sa mission profonde de les aider. Cette mission fait tellement partie intégrante de sa personne que je pense instantanément à sa cause quand je le vois à la télé. Lorsque quelque chose de bien peut éclore de la souffrance, cette dernière n'aura pas été en vain. Si tu apprends à reconnaître la voix de ton intuition dans le bonheur comme dans la souffrance, tu verras de nouvelles possibilités s'ouvrir devant toi.

Je te souhaite d'être connecté à ta force intérieure et à tes passions pour entendre la voix de ton cœur. Ta mission s'imposera à toi d'une manière presque évidente. La découverte de ta mission ne peut provenir que de l'intérieur de toi. Ta mission provient rarement des encouragements des autres. C'est une grande richesse de connaître le sens que tu désires donner à ta vie.

Photo : Anne Bourbeau

Voici d'ailleurs l'histoire de Christine qui a réussi à concrétiser sa mission en vivant de sa passion. Sur une note plus personnelle, je trouve que Christine est une belle personne, une femme de cœur, j'aime beaucoup ce qu'elle dégage.

PAYÉE POUR LIRE !

Après plusieurs années à exercer un travail que je n'aimais plus, j'en suis venue à ne plus savoir ce que je voulais faire de ma vie. J'errais de psychologues en thérapeutes jusqu'à cette journée où une amie m'amena à un séminaire de l'auteur Marc Fisher. Dès le début de la journée, Marc nous a expliqué à quel point il est important de trouver sa mission dans la vie. Il affirmait qu'il suffisait de trouver notre plus grande passion et, surtout, de trouver le moyen d'être rémunéré pour ne faire que ça.

De retour chez moi, j'ai dit à mon conjoint: «Veux-tu bien me dire qui pourrait me payer pour lire un jour?» La lecture est évidemment ma plus grande passion. Je suppose que vous devinez la suite... Je suis maintenant payée pour lire lors de ma chronique à *Salut Bonjour week-end* et quand je donne mes conférences.

Je me réjouis de raconter cette histoire parce que je trouve qu'elle démontre parfaitement comment la vie peut nous réserver des plans divins qui ne nous apparaissent pas si évidents au départ. Je pense sincèrement qu'il est préférable d'avoir un but, un rêve, mais sans nécessairement essayer de tout planifier. Il faut faire place à la synchronicité. À ce sujet, je vous raconte la suite de mon histoire: ne croyant pas qu'il était possible pour moi d'être payée pour lire, je ne m'attardai pas trop longtemps à découvrir les façons d'y parvenir.

J'ai laissé la vie suivre son cours. Une nuit, j'ai rêvé à une fille avec laquelle j'avais fréquenté l'école secondaire. Je me souvenais rarement de mes rêves et j'ai trouvé très étrange, ce matin-là au réveil, de me souvenir aussi clairement de celui-là. Je me suis alors demandée pourquoi j'avais rêvé à elle et s'il me fallait lui téléphoner pour prendre de ses nouvelles. À ce moment-là, j'ai pensé que j'aurais l'air plutôt bizarre de le faire. J'ai donc laissé tomber l'idée. La même semaine, j'ai ouvert mon téléviseur et je l'ai aperçue à l'écran. Elle travaillait à l'émission de Louise Deschâtelets au Canal Vox. Jamais je ne l'avais vue auparavant à cette émission.

Encore une fois, je trouvai le hasard plutôt étrange. Finalement, quelques jours plus tard, une personne qui avait fréquenté le même collège m'a téléphoné pour l'aider à retrouver les coordonnées de cette même fille qui, semblait-il, demeurait dans la même ville que moi. Je lui ai téléphoné et c'est ce qui m'a amenée à travailler comme recherchiste pour l'émission de Louise Deschâtelets au Canal Vox.

Un jour, une autre recherchiste de cette même émission proposa à Louise de me donner ma chance comme chroniqueuse littéraire, puisque c'était ma passion. Elle accepta et le reste fait maintenant partie de mon histoire. J'ai animé par la suite une émission littéraire toujours au Canal Vox pour finalement accéder au poste de chroniqueuse littéraire à TVA au sein de l'équipe de *Salut Bonjour week-end*. Aujourd'hui, je donne des conférences pour aider les gens à s'attirer ce qui leur tient à cœur. Ne voyez-vous pas à quel point la vie fait bien les choses?

www.christinemichaud.com

UN HÉRITAGE D'AMOUR

Avant de quitter ce monde, je crois qu'il est important pour chacun de nous d'y laisser une marque d'amour. N'est-ce pas d'ailleurs le meilleur héritage qu'on peut léguer? Je n'oublierai jamais le jour où j'ai entendu Justin Trudeau prendre la parole lors du service funèbre de son père, Pierre Elliott Trudeau. J'en avais des frissons à percevoir dans sa voix et ses paroles tout le respect, l'amour et l'admiration que Justin éprouvait pour son père.

Justin racontait alors qu'il avait fait un soir une remarque désobligeante en portant un jugement sur un adversaire politique de son père et que ce dernier lui avait aussitôt fait la réplique suivante: «Justin, dans la vie, on peut très bien être en désaccord avec une personne et même avec son opinion, mais on ne doit jamais juger l'individu.» Son témoignage m'a profondément marqué et m'a fait réaliser à quel point une leçon de vie si simple pouvait laisser une impression aussi durable et d'une telle importance dans le cœur d'un enfant.

À preuve d'ailleurs le témoignage d'une participante à l'une de mes conférences qui me disait que ses parents lui avaient laissé en héritage plusieurs lettres de leur correspondance intime. Dans ces missives remplies d'amour, ses parents exprimaient leur désir d'avoir un jour un enfant comme complément à leur vie amoureuse. Le fait de pouvoir lire à quel point elle avait été une enfant désirée était le plus beau cadeau qui soit pour elle.

À travers ces lettres, elle a aussi appris à mieux connaître ses parents en lisant ce qu'ils y dévoilaient sur leur rencontre, leur amour, leurs joies et leurs peines, en fait leur histoire jusqu'à leur mariage. Tous ces écrits lui permettaient de poser un regard tout spécial sur l'état d'âme de ses parents à cette époque de leur vie. Quel bel héritage !

Quand l'absence ou l'insuffisance d'affection fait des ravages

Chose certaine, l'amour que l'enfant reçoit de ses parents de zéro à sept ans est si primordial à son développement et à son équilibre qu'il fera toute une différence dans sa vie adulte quant à sa capacité d'aimer et de se laisser aimer. Si l'enfant manque trop d'amour dans les premières années de sa vie, ses relations interpersonnelles pourraient même en souffrir à long terme, et dans certains cas, affliger sa vie entière. D'ailleurs, on voit assez souvent se développer chez l'enfant blessé et en carence affective la peur de l'abandon, du rejet, et ce sentiment profond de ne pas mériter de l'amour. Tout cela est grande-ment attribuable à l'insuffisance de liens affectifs de la mère ou du père avec l'enfant.

Par contre, quand un enfant reçoit un héritage d'amour, cette sensation inestimable d'être aimé rehausse son estime personnelle, car il ressent alors, de la part des gens qui lui sont les plus précieux, ces marques de tendresse, de disponibilité, d'affection, d'écoute et de communication saines indispen-sables à sa croissance.

C'est pourquoi tu dois prendre le temps de témoigner à ton enfant à quel point tu l'aimes, il doit le ressentir vraiment avec toute sa sensibilité et son innocence. Ton enfant a besoin de toi. Il arrive fréquemment que ce sont les grands-parents qui, étant moins emportés dans le tourbillon incessant de la vie moderne, prennent le relais et assurent la continuité de ce processus d'amour fondamental des parents. Ils s'investissent ainsi auprès de leurs petits-enfants avec beaucoup de disponibilité et de patience.

Comme tu le vois, ce devrait être une priorité d'organiser des activités plaisantes avec ton enfant. Il se sentira intimement lié à toi et d'autant plus apprécié. Après des années de conférences, je me rends bien compte que les enfants qui sont allés un jour à la pêche avec un de leurs parents en ont gardé un souvenir précieux qu'ils n'oublieront jamais. Il en va de même de la petite fille qui a reçu une gifle cinglante de la part de son père ou de sa mère, et qui, étant plus sensible de nature, gardera dans sa mémoire cette expérience douloureuse parfois toute sa vie durant, jusqu'à en influencer sa vision d'elle-même.

Il y a encore trop d'enfants à qui on laisse un héritage de souffrances et qui le répètent de génération en génération. Combien d'enfants issus d'une union où l'un des parents est alcoolique suivront le même chemin de vie ? Il est important de comprendre que ton enfant apprend par l'exemple, aussi bien par l'action que par l'inaction. Alors si tu responsabilises ton enfant à prendre conscience de ses choix de vie, de ses priorités et de ses ambitions, il pourra ainsi comprendre que le fait de réussir sa vie n'est pas relié à la simple chance.

En ce qui me concerne, l'aspect le plus positif que mon père m'a légué en héritage, c'est d'agir en tout avec persévérance. Et ma mère, quant à elle, m'a transmis l'importance des valeurs de la vie familiale, de la disponibilité aux autres et de l'amour. L'histoire qui suit vient du reste confirmer combien les signes d'amour sont importants dans la vie d'un petit être.

Une recherche intéressante à l'appui

Un chercheur a tenté un jour une expérience particulière. Il voulait laisser incuber un œuf de canard jusqu'à son éclosion, l'isoler de sa mère, et être présent pour prodiguer de l'affection au caneton à sa naissance. Une fois le petit canard arrivé dans ce monde, le chercheur se mit à lui parler avec des mots doux et à caresser tendrement son petit corps et ses plumes. Après quelques jours seulement de ce régime d'affection, guidé sûrement par son instinct, le petit canard se mit à suivre le chercheur partout.

Puis, ce même scientifique a fait entrer la cane dans la même pièce que le caneton, elle qui était sa maman, pour examiner si le rapprochement entre la mère et le bébé canard se ferait instinctivement. Quelle ne fut pas sa surprise de constater que le petit canard continuait de le talonner et ne le quittait pas d'une semelle en dépit de la présence de sa vraie maman ! Et pourtant, quand on y pense bien, dans sa mémoire émotive, le chercheur représentait pour le petit canard sa source d'affection depuis sa naissance, il le considérait donc comme son « pourvoyeur d'amour », en quelque sorte.

On constate aujourd'hui le même phénomène dans le cœur des enfants adoptés vis-à-vis de leurs parents d'adoption, eux qui ont toujours représenté leur source d'affection depuis leur plus tendre enfance. On conçoit plus souvent qu'ils se sentent beaucoup plus près de leurs parents adoptifs et apprennent plus facilement de belles valeurs de leur part que de leurs parents biologiques qui ne les ont jamais nourris affectivement, même s'ils leur ont donné la vie.

En tant qu'être humain, tu es certainement aussi porté à te rapprocher des gens qui te témoignent de l'affection, autant sur le plan physique que par leurs gestes de confiance, leurs paroles d'amour ou leur regard d'admiration. C'est pourquoi il est si primordial pour un enfant, surtout dès le début de sa vie, de se sentir enveloppé par la tendresse et l'amour de sa mère. Après avoir passé tout le temps de la grossesse à écouter son cœur, le poupon souhaite retrouver cette quiétude et cette sécurité à sa sortie. On comprend alors l'importance, après sa naissance, de tenir l'enfant sur son cœur en le berçant.

Grâce à ce geste tout simple, la mémoire émotive du bébé va se sentir rassurée. Il saura que sa source d'affection est la même qu'au tout début de sa conception. Ce n'est peut-être pas un hasard si un adulte vivant un manque d'affection et de chaleur humaine préfère dormir instinctivement dans la position d'un fœtus. Sa mémoire cellulaire et émotive lui rappelle à quel point il était bien dans l'utérus de sa mère et lui procure sûrement un meilleur état d'âme pendant son sommeil. C'est pourquoi il se recroqueville instinctivement dans cette position fœtale.

Tu n'as qu'à regarder une personne effondrée qui vit une crise de tristesse intense pour comprendre ce que je veux dire. Elle se replie sur elle-même et se referme, comme la forme du fœtus, qu'elle soit assise ou couchée par terre. Le retour à cette position la ramène au moment où elle était à l'abri, bien au chaud dans le ventre de sa mère. Au fond, cette quête d'affection et ce besoin d'être entouré d'amour, ne sont-ils pas les désirs de tout enfant blessé? L'affection a parfois un effet plus guérissant que certains médicaments prescrits pour prévenir les dépressions.

Il n'est pas nécessaire d'avoir des enfants pour laisser aux autres un héritage d'amour. Sois conscient du pouvoir de tes paroles et de l'affection que tu donnes aux gens qui t'entourent. Je te propose de réfléchir à l'héritage que tu as toi-même reçu et de prendre pleinement conscience que cet amour que tu donnes aujourd'hui peut devenir pour plusieurs l'héritage de demain.

L'ultime responsabilité

Il n'y a rien qui apportera changement
À sa vie comme de devenir parent
Se voir agréablement confier
La responsabilité d'un nouveau-né

La vie nous fait cet ultime cadeau
Ce merveilleux trésor pour notre ego
Ses premiers mouvements nous émerveillent
Ses premiers sons amadouent notre oreille

Oh ! Comme on trouve amusant
D'observer son jeune enfant
De nos paroles et gestes imiter
Il ne fait que copier et répéter

On n'y prête que peu d'importance
Jusqu'à ce qu'arrive l'adolescence
Lorsqu'il se met à exécuter
Tout ce qu'on lui aura enseigné

Le garçon imitera son père
Comme la fille caricaturera sa mère
Il est donc la responsabilité de tout parent
De mener un mode de vie sain et décent

Un enfant est une responsabilité à vie
Une sécurité constante doit leur être fournie
On se doit de bien les élever et éduquer
Ils ne demandent qu'à être aimés

Il est notre devoir de leur inculquer
Des valeurs saines qu'ils sauront pratiquer
L'autonomie, la débrouillardise, savoir prier,
La persévérance, la générosité, et l'honnêteté.

Très tôt dans leur apprentissage
Il faut commencer à un très bas âge
À leur apprendre les conséquences des choix
Et leur développer une estime de soi.

Oui, il appartient aux deux parents
D'affectionner leurs jeunes d'un amour constant.

RICHARD BABIN

N'aie plus peur

N'aie plus peur
Les oiseaux savent que le printemps
Va revenir toujours
N'aie plus peur
Les bateaux savent qu'il y a un port
Quelque part
N'aie plus peur
N'aie plus peur

Tu as ta place
J'ai ma place
On va leur garder
Une belle place
Entre toi et moi
Ce sera plus chaud
Ils n'auront plus froid
Au cœur et aux mains
On ne sera plus à l'étroit
Quand on a l'amour
On croit toujours
Qu'on n'est pas assez
L'amour élargit
On n'a plus de frontières
Et on est tous fiers
D'avoir les yeux clairs

N'aie plus peur
Les enfants savent que quelqu'un
Les attend à la maison
N'aie plus peur
Le soleil n'oublie jamais
De revenir un jour
N'aie plus peur
N'aie plus peur

N'aie plus peur
Tes enfants ont besoin
Que tu n'aies plus peur
N'aie plus peur
Ta femme a hâte
Que tu n'aies plus peur
N'aie plus peur
N'aie plus peur...

PAROLES ET MUSIQUE : JEAN-PIERRE MANSEAU

Le chemin
de la confiance

COMMENT AUGMENTER TA CONFIANCE ?

Aussitôt que tu effectues par toi-même avec succès certaines actions qui t'étaient difficiles auparavant et que tu dépasses tes compétences actuelles, tu accrois ton niveau de confiance en toi. Alors, si on t'assigne une nouvelle tâche au travail, qu'on te donne une promotion, qu'on te demande de parler devant un groupe ou qu'on t'incite à t'affirmer et à exprimer ton point de vue, fais-le. C'est d'affronter ta peur qui te donne de la confiance et non d'attendre d'avoir confiance en toi pour affronter cette peur.

Plus tu relèveras ce genre de défis que tu considérais comme insurmontables avant, plus ta capacité à prendre des décisions par toi-même sera facilitée, même celles qui supposent un certain risque. L'important ici, c'est d'essayer et d'assumer les conséquences de ton apprentissage à travers tout ça afin de grandir intérieurement.

Je souhaite à tous ceux qui, comme moi, éprouvaient de grandes difficultés à l'école d'entreprendre l'écriture d'un livre. Si c'est ton cas, et que tu espères toi aussi publier tes écrits, peut-être seras-tu un jour édité et lu par plusieurs lecteurs intéressés, qui sait ? N'oublie jamais que ton potentiel de réussite augmente en même temps que ta confiance en toi. Plus tu auras confiance en toi, plus les portes s'ouvriront devant toi dans tous les aspects de ta vie.

Pour t'en persuader davantage, tu n'as qu'à regarder les gens qui manifestent de la confiance en eux-mêmes en amour, au travail et dans leur vie en général, pour comprendre que cette confiance est un atout primordial. Avoir confiance en toi préserve ton équilibre sur le chemin de ta réussite. Les gens qui réussissent leur vie doivent parfois entreprendre des moyens d'action ardus et prendre des décisions difficiles afin d'y arriver. Pour réussir ta vie, il ne faut pas minimiser ou chercher à éviter ces moments plus pénibles de ton existence, car ce sont la plupart du temps tes meilleures leçons.

Regarde toujours les gens dans les yeux et n'aie pas peur d'exprimer librement tes pensées, cela aidera ta confiance à s'affirmer. Tu le penses, tu l'exprimes et tu agis. À toi de te donner les moyens de concrétiser l'action voulue pour y parvenir. Combien de gens passent plus de temps à chercher à se protéger de toutes les façons possibles pour éviter de ressentir une cruelle déception, au lieu de foncer en vue d'atteindre leurs objectifs. Pour réussir à te préparer un avenir prospère et espérer en des jours meilleurs dans tous les domaines de ta vie, il est parfois nécessaire de sortir de ta zone de confort habituelle, de quitter les sentiers battus et d'en découvrir de nouveaux.

DÉVELOPPER L'ESTIME DE SOI

Si tu as certains complexes concernant ton apparence ou que tu doutes de ton niveau intellectuel, il est important d'apprendre à t'accepter tel que tu es. Le fait de se comparer aux autres en «insécurise» plusieurs de nos jours. Vivre d'envie n'est jamais jouer gagnant en ce qui a trait à l'estime de soi. Regarde en toi-même et change ce qui mérite d'être changé selon toi. Quand tu t'acceptes tel que tu es, tu dégages une énergie positive qui se reflète dans ton regard et tu démontres beaucoup plus d'assurance dans ta démarche.

Quoi que tu en penses, l'image que tu as de toi-même influence tes relations interpersonnelles au plus haut niveau. Si tu es persuadé que tu ne vaux rien ou presque, tu vas laisser les gens te traiter de la sorte. Pour rehausser l'image que tu as de toi-même, commence par te respecter avec tes forces, tes faiblesses, tes talents, ton apparence et aime-toi tel que tu es, tout en cherchant à t'améliorer. Si tu ne t'aimes pas, comment veux-tu qu'une autre personne t'aime ? Tu ne peux pas demander à quiconque de t'offrir ce que tu n'es pas capable de t'offrir à toi-même. L'image de toi ou la perception qu'ont les autres à ton égard commence souvent par ce que tu dégages.

Accepter ton passé tel qu'il est et tourner la page pour vivre ton présent peut aussi t'aider à te défaire des chaînes du passé qui nuisent à ton estime personnelle. Attention également aux relations où la jalousie est toujours là au jour le jour, prête à te dénigrer et à brimer ton estime personnelle. Les jaloux sont possessifs et prennent un malin plaisir à « dévaloriser l'âme » de leur partenaire, à briser leur estime en le gardant dans l'insécurité et la peur pour prévenir leur départ possible. Dis-toi que leur insécurité et leurs souffrances mal gérées ne font pas partie de ta problématique et que tu peux t'en libérer.

Cet avenir meilleur auquel tu aspires dépend largement de la nécessité d'accepter ton passé. Tu ne pourras pas aller de l'avant dans la vie tant que tu n'auras pas réussi à t'affranchir de tes erreurs, tes jugements et à te libérer des blessures de ton passé. Cela dit, il est clair que dans l'acceptation, tu rehausses ton estime de soi. N'évalue pas ton succès à venir selon tes échecs ou tes souffrances du passé, chacun a son histoire. À toi d'avancer avec détermination pour réussir ta vie sur le chemin vers l'équilibre de ton succès.

LES PEURS QUI PARALYSENT

Il existe des centaines de peurs réelles et imaginaires qui nous affectent tous à un moment donné de notre vie. Bien souvent, ton meilleur apprentissage de vie se retrouve dans ce que tu crains. Voici quelques peurs précises qui empêchent

l'évolution humaine et le dépassement de soi : la peur du changement, de l'engagement, de l'honnêteté, la peur d'être soi-
même, de s'affirmer et d'aimer. Il existe, bien sûr, plusieurs
méthodes thérapeutiques pour supprimer une peur.

La façon la plus efficace consiste simplement à l'affronter.
Un jour, la peur de mourir va frapper à ta porte. Il est donc
préférable que tu t'exerces d'ici là à affronter toutes tes peurs.
Je te conseille de dresser une liste de toutes les peurs que tu as
vécues dans ta vie jusqu'à ce jour. Souligne parmi ces peurs
celles que tu as réellement affrontées pour reprendre le contrôle de ta vie. Tu remarqueras également que les peurs ne sont
habituellement pas aussi dramatiques que ce que tu imagines.

Cycle de vie

En revoyant ma jeunesse,
Je ressens une grande tristesse.
Mes souvenirs de l'adolescence
Sont des mémoires de violence.

Oui, mon père qui me battait,
Chaque fois, que l'alcool, il buvait.
Je me sentais coupable, de mon héros, décevoir.
Pourquoi me frappait-il, j'aimerais savoir ?

Malgré tous ces abus qu'il me fit vivre,
Dans ses pas je voulais poursuivre.
Malgré toutes ces peines,
Son sang coule toujours dans mes veines.

RICHARD BABIN

La bougie ne perd rien de sa lumière
en la communiquant à une autre bougie.

Le moment présent

Sur la grande échelle du temps
On y trouve trois distincts moments
Chaque stage est tout aussi important
Chaque étape est un point déterminant

Tout d'abord, il y a le passé,
Trop souvent on ne fait que regretter
Apprends à enfin accepter ton hier
Assume-le, sois-en même fier

Car c'est grâce à celui-ci
Que tu es là aujourd'hui
Que tu vis dans ce moment
Qu'est celui du présent

Si tu veux t'assurer n'avoir aucun chagrin
De ces instants à tout jamais éteints
Tu dois profiter de ton maintenant
Apprécie-le, vis-le pleinement

Pour que tu réussisses demain
Afin que tu accomplisses ton destin
Tu dois t'assurer auparavant
De bien vivre ton moment présent

Car, il est dans le contemporain
Que l'on prépare son demain
On s'y bâtit une solide fondation
Pour aborder nos craintes et nos ambitions

Le passé, plus jamais, tu ne verras
Demain, peut-être, ne viendra pas
Donc, pour tirer profit de chaque instant
Il faut exploiter le moment existant

Le moment présent, hier, n'était qu'avenir
Aujourd'hui, il est hier en devenir
Donc, le moment le plus important
Est sans aucun doute le moment présent

RICHARD BABIN

Le chemin de la passion

SE FIXER UN OBJECTIF DE VIE

Dans la mesure où tu es prêt à investir tes énergies et à t'engager à faire le nécessaire pour le réaliser, ton objectif de vie ne sera jamais trop ambitieux. Je crois toutefois que tu as intérêt à t'asseoir et à mettre tes buts et objectifs par écrit afin de rédiger ton plan d'action et d'établir le meilleur chemin à parcourir pour réussir.

Combien de gens manquent justement de buts dans leur vie et collectionnent déception sur déception, autant sur le plan amoureux que professionnel ? Écrire un plan d'action te permet de suivre certaines étapes et de maintenir ta vision. À mon avis, il est important pour l'être humain de se fixer des objectifs et d'avoir une raison qui le motive à se lever le matin. Avoir un rêve à réaliser et en être passionné jusqu'à le voir concrétisé, voilà qui garde l'esprit vivant au plus haut point.

Un homme me disait que sa motivation à aller travailler le matin, avec le sourire aux lèvres pendant 25 ans, c'est que cette étape de vie lui permettrait un jour d'acheter son chalet sur le bord d'un lac. Son objectif était donc très précis. Bien entendu, si tu manques de vision, que tu n'as pas trouvé de sens à ta vie, tes pensées s'éparpillent çà et là. Mais si tu l'as déniché, il est important que ton objectif soit réaliste et réalisable afin de maintenir ton intérêt dans la poursuite de ta démarche.

Il va de soi aussi que lorsqu'on croit en quelque chose, qu'on y rêve de tout son cœur avec une passion saine qui nous habite, c'est plus facile d'en parler. Par conséquent, tu devrais être capable d'évaluer si ce en quoi tu crois est quelque chose de réalisable pour toi.

Les autres peuvent aussi t'aider à t'orienter. Leur opinion pourrait t'être bénéfique, car en apprenant de leur créativité, cela pourrait t'ouvrir des portes qui t'étaient jusque-là inconnues sur ton chemin. Par contre, méfie-toi des détracteurs de rêves qui prennent plaisir à décourager les autres.

En fait, les grands entrepreneurs de ce monde ont tous lancé leur entreprise grâce à une idée qu'ils ont fait grandir avec passion et par des actions concrètes pour la mener à bien. Certains y pensent, d'autres en parlent et ceux-là agissent. À toi de décider de ta route et surtout des mesures à prendre. Tout germe d'une bonne idée peut faire naître de belles et grandes réalisations. Toute action est précédée par une pensée, à toi de réfléchir sur ce que tu aimerais entretenir et accomplir comme vision dans ta vie.

LA JOIE DE BIEN CHOISIR SON EMPLOI

Chose certaine, il est important de te sentir épanoui dans le cadre de ton emploi afin de maintenir ton bien-être intérieur et de prévenir le stress tellement répandu de nos jours. Tu passes environ 25 % de ta vie sinon plus à ton travail, alors pourquoi ne pas choisir autant que possible un domaine qui t'apporte joie, fierté et épanouissement personnel?

Si tu occupes un emploi qui te fascine et qui stimule ton intérêt chaque jour, alors il est forcément possible que tu te rendes au travail avec plaisir. Si chacun prenait le temps de choisir son emploi adéquatement en tenant compte de sa personnalité, sa créativité, son côté artistique, ses passions ou tout ce qui le stimule à effectuer sa tâche, il y aurait sans aucun doute beaucoup moins d'absentéisme pour cause de maladie et d'épuisement professionnel dans ce monde.

Histoire de Josey Arsenault

Josey Arsenault, animatrice de l'émission de radio *Analyse-moi ça!* au 93,3 FM, www.le933.com

Du plus loin qu'elle se souvienne, les amis de Josey Arsenault l'appelaient «Janette veut savoir» en référence au titre d'une émission de télévision qu'animait Janette Bertrand à l'époque, et où les gens se racontaient à cœur ouvert.

Josey a toujours été fascinée par les gens et éprouve un réel plaisir à les entendre raconter leurs histoires personnelles, leurs vécus, leurs cheminements, leurs victoires et leurs souffrances. Ses questions axées sur la vie, sa faculté intuitive à se mettre à la place d'autrui et son empathie stimulent les gens à s'exprimer plus librement, et en quelque sorte à s'analyser eux-mêmes.

Lors d'un voyage de six mois qu'elle effectuait en Asie, le sac au dos, Josey se disait qu'un jour elle aurait son émission de radio au Québec afin de vibrer et de faire vibrer les gens au travail. Se fixer un tel objectif l'a aidée à maintenir sa vision de cette émission tant désirée, d'entretenir sa passion, de créer toutes sortes d'idées en vue de la produire et, à son retour d'Asie, elle a décroché l'emploi de ses rêves.

Aujourd'hui, Josey anime sa propre tribune téléphonique telle qu'elle l'avait imaginée, un emploi qui lui va comme un gant, qui lui convient parfaitement et dans lequel elle est aussi à l'aise que dans sa vie de tous les jours. Josey a choisi son emploi, elle l'a rêvé et elle s'y réalise pleinement. Quand tu considères ton emploi comme un grand privilège, tu peux affirmer que tu es vraiment à ta place.

J'ai assisté à quelques reprises à son émission en tant qu'invité et je peux te dire que les gens qui appellent à cette tribune téléphonique se sentent en confiance, car Josey a vraiment le don d'amener les auditeurs à s'exprimer. Elle n'a pas peur de poser les vraies questions et fait ressortir le meilleur de chaque personne.

J'ai rarement participé à une émission de radio où je ressentais autant de joie de vivre, ce plaisir évident que transmet l'animatrice, heureuse d'évoluer totalement dans son élément. Je te souhaite un jour de prendre le temps d'écouter cette émission pour que tu découvres et comprennes ce que je veux dire quand j'affirme qu'on perçoit dans la voix de Josey toute la passion qu'elle a pour son travail.

Son émission de radio *Analyse-moi ça !* est maintenant celle que je recommande en matière de croissance personnelle, car elle aide les gens à se comprendre et à s'exprimer avec respect et intelligence. Tu peux écouter Josey via Internet tous les jours au www.le933.com, du lundi au vendredi, de **13 h 30 à 15 h, ou syntonise le 93,3 FM.**

Toutes les fois où elle entre en ondes, Josey se dit que si son émission réussit à toucher au moins une personne, sa mission sera accomplie. Peut-être qu'aujourd'hui cette personne ce sera toi ?

LA PASSION POUR LA MUSIQUE

Histoire de Richard Beausoleil

Richard Beausoleil, enfant.

En 1960, Richard Beausoleil est arrivé dans ce monde, aveugle de naissance. Il n'était pas le seul de sa famille puisqu'il a trois sœurs dont deux sont aveugles aussi. Il a fait son école secondaire à la polyvalente Thérèse Martin de Joliette et son diplôme d'études collégiales, en sciences humaines, au collège Édouard-Montpetit de Longueuil.

Ses parents étaient des gens toujours prêts à encourager et à soutenir leurs enfants. Ils étaient remplis d'amour et de bonnes valeurs. C'est évident qu'avec des parents soucieux de ne pas baisser les bras devant le handicap de leurs enfants, bien dans leur peau, cela a fait la différence dans la vie de Richard et de ses sœurs.

Dès sa plus tendre enfance, Richard a découvert en lui une passion très intense pour la musique. Il a commencé à suivre des cours de piano en braille à 8 ans. Il a aussi appris à jouer de la guitare d'une façon très particulière, avec l'instrument sur ses genoux, car il n'y avait personne pour lui apprendre correctement.

Lorsqu'il vivait une frustration, il jouait de la musique avec passion et canalisait ainsi ses émotions. Il disait que la musique avait toujours été là pour lui et, à ce jour, il répète les mêmes paroles. Depuis des années qu'il cultive cette passion et elle ne cesse de lui procurer cet enthousiasme de vivre et ce plaisir de s'émerveiller et de s'amuser.

Ses parents l'ont toujours encouragé à foncer, mais ils n'étaient pas sans s'inquiéter de ce que leur fils ferait de sa vie, étant donné son handicap visuel. Ils lui demandaient souvent quel serait son travail plus tard. Richard leur disait que c'était écrit dans le ciel et qu'il gagnerait sa vie grâce à la musique, sa grande passion.

Dans les années 80, il a fait le tour des hôtels un peu partout en province pour jouer de la guitare et du piano. Les spectateurs étaient tellement surpris de voir cet artiste aveugle qui sortait de l'ordinaire et qui jouait de la guitare en la tenant si bizarrement, bien allongée sur ses genoux, qu'ils en incitaient d'autres à aller l'écouter.

Aujourd'hui, Richard est marié depuis 22 ans avec Maryse qui est aussi aveugle. Ils ont chacun leur chien-guide. Ils habitent Longueuil sur la Rive-Sud de Montréal. La débrouillardise a été également un très grand atout pour Richard, car rien ne l'arrête pour foncer et aller de l'avant.

Il m'a confié que le fait de se faire dire non dans sa vie a été plus formateur que de se faire dire oui. Il est l'exemple qu'il est possible de foncer dans le brouillard, c'est le cas de le dire pour lui, sans se laisser entraver par les obstacles ou les difficultés, et sans jouer pour autant un rôle de victime, peu importe sa différence.

Richard réussit à gagner sa vie aujourd'hui avec la musique comme il l'a toujours souhaité. Il est auteur-compositeur, concepteur et arrangeur musical. Je suis fier de dire qu'il est celui qui a conçu toutes les orchestrations musicales sur bandes sonores pour nos conférences-spectacles présentées partout en province.

Richard est une belle personne qui n'a pas eu peur de donner le meilleur de lui-même. Il est la preuve vivante que, par nos différences, on peut enrichir notre entourage et nous-même. Pour ceux qui aimeraient lui envoyer un message d'amour, Richard a accès à Internet en braille :

prodsoleil@hotmail.com

Richard en compagnie de Diamond, son chien-guide,
avec ses instruments.

OSEZ RÊVER

Histoire de Marie-Pier Myre

Marie-Pier Myre, une jeune femme à la voix exceptionnelle, originaire de L'Orignal, chante à mes conférences depuis qu'elle est âgée de 9 ans. En fait, je lui ai donné sa première chance. Comme elle a toujours voulu percer dans la chanson, c'était l'occasion souhaitée pour elle. Alors, elle a persévéré dans ce domaine qui est le rêve de sa vie.

Marie-Pier Myre

Depuis 7 ans, elle suit des cours de chant avec Julie Leblanc, une choriste professionnelle qui a chanté jadis pour Céline Dion. Elle a participé à plusieurs spectacles et concours tels que «Star d'un jour» à Saint-André-Avelin, où elle a remporté le prix Coup de cœur du jury ainsi que le Coup de cœur du public.

Cela lui a permis de faire la première de Dany Bédard, Martin Giroux et de Jonas. En juillet 2004, elle s'est retrouvée sur scène avec Marie-Chantal Toupin pour interpréter une de ses chansons. Par la suite, en juillet 2005, elle a fait sa première partie, elle avait donc une heure pour faire valoir son talent auprès du public.

En 2006, elle a fait partie d'une comédie musicale dans laquelle elle incarnait le rôle de Maria dans la pièce de *Don Juan* à Lachute. Elle se donne toujours des défis pour se dépasser puisque son but premier, son rêve, est de faire carrière comme chanteuse professionnelle.

Je lui ai toujours promis qu'elle serait sur scène avec moi quand je me produirais dans des grandes salles un jour. Promesse tenue, car ce jour est enfin venu, elle m'accompagnera dans mes tournées de conférences-spectacles pour les prochaines années. Et Marie-Pier, avec ses 17 ans et toute sa ferveur, peut rêver désormais d'une carrière enviable et d'un disque compact à venir avec des chansons écrites pour elle.

C'est le père de Marie-Pier, Pierre Myre de L'Orignal, qui a dû venir signer à Montréal le contrat artistique de sa fille, étant donné qu'elle est mineure. M. Myre raconte que le rêve de sa fille a toujours été de chanter et il se dit choyé et fier qu'elle soit si bien entourée en tournée, avec une équipe professionnelle de haut calibre. Il ajoute que: «Dans la vie, il faut rêver grand et oser se dépasser».

Espoir de paix

Après une fine pluie d'été,
C'est le calme sur la baie.
Pendant qu'à l'ouest se dépose le soleil,
L'est nous révèle un formidable arc-en-ciel.

Une symphonie de couleurs sur la mer,
C'est le paradis sur la terre.
Où prédomine le silence, à peine un son,
La nature est en méditation.

Je me promène sur cette plage,
Parsemée de divers coquillages,
Ramassant des morceaux de bois,
Préparant le feu de joie.

Une fois le crépuscule tombé,
On va fêter la vie, célébrer l'été.
Nos tracas seront mis de côté,
Pour un moment dans la fraternité.

Une fois qu'est allumée la flamme,
Autour du feu, tous se rassemblent.
Les guitares font leur apparition,
On chante ces mêmes vieilles chansons...

RICHARD BABIN

Le jardin

Ne laisse personne piétiner ton jardin.
Protège-le et prends-en bien soin.
Il est à toi, il t'appartient.
Tu es maître de ton destin!

Un cœur qui se sent léger
Est un cœur prêt à aimer.
Parsème ton environnement d'amour
Tu en recevras autant en retour.

RICHARD BABIN

Le courage

Le courage est une énergie et une force de volonté
Qui se manifestent quand on fait face à l'adversité
Cette puissance de caractère de l'esprit
Qui rend prêt à réagir positivement devant un défi

Cet attribut que possèdent tous les grands leaders
Leur permet de surmonter la peur
Les pousse à dénoncer et à s'opposer à l'injustice
Les aidant s'il le faut à supporter les supplices

Peu importent tes choix ou tes décisions
Il en va de même pour tes gestes ou tes actions
Si bien sûr à ton courage tu fais honneur
Que tu penses et agis avec ton cœur

Le courage s'applique aux plus petites attentions
Ne serait-ce que pour demander pardon
Chaque instant, chaque jour, tu dois persévérer
Pour vivre dans l'honnêteté

Il te faut du courage pour t'autoévaluer
Dans un miroir te regarder
Tu dois parfois être courageux pour dire la vérité
Et tes torts et imperfections avouer

Il faut être courageux pour affronter la maladie
Malgré la souffrance, combattre pour ta vie
Avec un regard positif, te voir guérir
Sans perdre l'espoir d'un meilleur avenir

Le courage a permis à l'homme d'évoluer
Il est cette force qui nous fait avancer
Nous permettant de dépasser nos peurs
D'envisager enfin des jours meilleurs

Le vrai courage, c'est de vivre
Quand il faut vivre
Et de mourir
Seulement quand le destin nous appelle.

RICHARD BABIN

Le chemin du dépassement

LA CRÉATIVITÉ

La créativité est la capacité d'imaginer, d'inventer et de créer. Elle consiste à garder l'esprit ouvert pour produire quelque chose de neuf, pour concevoir de nouveaux objets, des idées nouvelles ou des solutions originales à certaines difficultés. Dès qu'il y a un problème à résoudre, voilà l'occasion idéale de mettre à contribution ta créativité. Toutes les bonnes formules de colle, de peinture ou les recettes de toutes sortes ont été créées par des personnes qui ont osé sortir des sentiers battus.

La créativité te permet de concevoir la réalité autrement. Le domaine de la psychologie s'est également penché sur la pensée créatrice dans le but de savoir si elle est une aptitude innée ou acquise. Selon l'éducateur Victor Lowenfeld, le potentiel créatif requiert pour s'épanouir d'être mis en pratique. Pour pratiquer la créativité, il te faut sortir du cadre de tes habitudes de pensée. La psychologie appelle ce phénomène «la résistance au changement».

As-tu déjà remarqué le nombre de gens qui ne se sentent pas à l'aise de dormir dans un lit qui n'est pas le leur, quand ils sont en visite ailleurs? Combien de gens vont s'en tenir à la même coupe de cheveux pendant 20 ans, s'asseoir pendant des années sur la même chaise et à la même place lors des repas familiaux? Combien d'autres vont accepter une relation amoureuse malsaine pour le reste de leurs jours afin de ne jamais avoir à envisager un changement, même si ce dernier leur était salutaire?

Oui, sortir des sentiers battus occasionne chez certains une peur de l'inconnu et du changement. Pour s'ajuster au changement tout en mettant en pratique ton côté créatif, tu dois effectuer au début de petits changements même très banals. Par exemple, lève-toi simplement une heure plus tôt et va faire une petite marche pour bien commencer ta journée. Si tu ne te permets jamais d'effectuer un seul changement, tu seras assurément très inconfortable dans une nouvelle situation.

Prends comme exemple la personne qui désire cesser de fumer la cigarette et qui doit s'obliger à vivre cette phase d'inconfort afin de surmonter sa dépendance à la nicotine. Si elle n'accepte pas de subir un certain désagrément à ne pas fumer alors qu'elle en a envie, elle éprouvera de la difficulté à abandonner cette drogue pour de bon. Par conséquent, elle vivra sûrement cela comme un échec. Une des caractéristiques des gens dépendants est leur refus de souffrir pendant leur abstinence. Souvent, ils disent vouloir renoncer à une dépendance quelconque pour se lancer tête baissée dans une autre le lendemain.

Si tu fais toujours la même chose, tu obtiendras normalement le même résultat. Je te suggère de mettre en pratique ta créativité au quotidien et de laisser tomber certains de tes points de repère afin d'envisager pour toi-même une ouverture d'esprit plus vaste.

Voici certains conseils pratiques afin d'améliorer ta créativité relativement à un problème :

→ Utilise de façon nouvelle des idées anciennes.

→ Subdivise un problème pour le résoudre. Quand on aborde les composantes d'un problème séparément, il est plus facile de le résoudre parfois. C'est comme pour un casse-tête, il faut trouver et placer une pièce à la fois. Escalader une montagne débute toujours par un premier pas.

➜ Fais donc un remue-méninges avec plusieurs personnes qui ont des opinions et des personnalités différentes de toi. Si vous êtes plusieurs, il y a plus de chances de trouver des solutions innovatrices que si tu te retrouves tout seul.

➜ Prends un recul par rapport à un problème afin de laisser germer de nouvelles idées. N'oublie pas que la nuit porte souvent conseil. J'ai lu un jour qu'une entreprise de dentifrice avait réussi à doubler son chiffre d'affaires, une année, en doublant simplement la circonférence de l'embouchure du tube. Les gens utilisaient deux fois plus de pâte dentifrice sur leur brosse. Combien de gens espèrent l'amoureux idéal, l'amoureuse rêvée sans être capables de le voir ou de la repérer alors qu'elle ou il fait déjà partie de leur cercle d'amis ?

➜ N'oublie pas qu'une mauvaise idée sert parfois de tremplin à une bonne.

➜ Ose être différent. Parfois, un original en noir et blanc vaut mieux qu'une copie en couleur.

LA CRÉATIVITÉ ET LA DÉTERMINATION APPORTENT DU SUCCÈS

Histoire de Marc Saint-Onge

Il est important d'être créatif en affaires et dans la vie, et d'oser être différent. J'aimerais vous raconter l'histoire de Marc Saint-Onge, un entrepreneur que j'ai rencontré, il y a plusieurs années. Un jour, lors d'une visite en Allemagne, il a découvert un peu par hasard les vertus de la boue thérapeutique. En Europe, les centres de santé utilisent depuis de nom-

Marc Saint-Onge

breuses années de la boue pour traiter toutes sortes de maux et générer une relaxation hors pair. À cette époque, en Amérique du Nord, ce type de thérapies et ce genre de produits étaient pour ainsi dire inexistants.

C'est à ce moment-là que les idées ont commencé à germer dans sa tête et à peu à peu prendre forme. Il s'est dit qu'il pouvait lancer un nouveau marché ici, au Canada, en fabriquant et distribuant ce produit naturel. Être astucieux et créatif fait toute une différence à la condition qu'on soit prêt à prendre des risques.

Maintenant, imaginez l'accueil qu'il a reçu lors de sa première visite à la banque quand il leur a expliqué que son plan d'affaires consistait à embouteiller et à vendre de la boue. Les institutions financières n'ont pas cru en son projet. Il se rappelle que le banquier s'est moqué de lui et qu'il s'est ensuite faufilé tout doucement vers la porte de sortie. Même si son projet en faisait rigoler plusieurs, il est resté déterminé à réussir.

Par la suite, il a entrepris de faire la tournée de 63 tourbières à la recherche d'une terre contenant le plus d'acide humique, ce qui facilite la production d'endorphines naturelles, d'où sa valeur thérapeutique. Puis, il a acheté une centaine d'acres de terre dans l'est de l'Ontario. « Les fermiers se demandaient bien ce que je trouvais de si excitant dans une tourbière », confie-t-il. Convaincu de détenir une petite fortune entre ses mains, Marc Saint-Onge, en homme d'affaires averti, a décidé de la commercialiser.

Il a commencé par mélanger cette boue avec de l'eau dans son garage, il y a ajouté des huiles essentielles et d'autres ingrédients qu'il préfère garder secrets, « comme le colonel Sanders et sa recette », dit-il avec un sourire. Il a perfectionné sa formule après plusieurs essais de combinaisons d'ingrédients pour faciliter l'embouteillage de ce produit. Le doute ne s'est jamais installé dans son esprit : il allait devenir un entrepreneur.

Il avait maintenant besoin d'un nom d'entreprise et il a choisi « Golden Moor ». Le mot Moor vient d'Europe et signifie boue. De la boue en or comme il le pensait au début de cette aventure.

Aujourd'hui, cette entreprise fabrique et vend 1600 tonnes de boue thérapeutique par année. À force de redoubler d'efforts, de voyager et de bâtir des relations d'affaires, le fondateur de Golden Moor a réussi à créer un marché à l'échelle de notre pays. Il occupe 80 % du marché des bains bouillonnants à remous, appelés communément des spas, et des centres de santé au Canada. Sa boue est également exportée en Europe, à Taïwan, à Hong Kong, à Singapour et en Thaïlande. La détermination et la créativité sont souvent à l'origine de toute bonne entreprise.

Combien de gens ont déjà eu dédain, au cours de leur vie, de mettre les pieds dans de la boue, sans être conscients que ce produit avait la potentialité de les rendre riches. Le bel exemple de créativité de Marc Saint-Onge nous prouve que tout est possible et qu'il est souhaitable d'oser être différents :

www.goldenmoor.com.

Tirer profit de sa créativité, c'est aussi cela réussir sa vie.

Histoire du commandant Robert Piché

Quand on parle d'une histoire de dépassement de soi, je ne peux m'empêcher de penser à celle du commandant Robert Piché, qui est devenu une personnalité publique le 24 août 2001 lorsqu'il a réussi l'atterrissage d'urgence d'un Airbus A330 dans l'archipel des Açores,

Le commandant Robert Piché
et Marc Gervais.

au Portugal. Les conditions de vol, on ne peut plus normales au départ, sont devenues soudain catastrophiques, ce qui a nécessité de la part du pilote une intervention d'urgence d'une telle ampleur, qu'on la considère encore aujourd'hui comme du jamais vu dans le monde de l'aviation.

Robert Piché a été honoré à plusieurs reprises pour avoir sauvé la vie des passagers et de l'équipage de l'avion en détresse. Il a su faire face à une situation critique en utilisant judicieusement son expérience, ses compétences et son équipage. Comme il le répète depuis: «Je n'ai fait que mon travail!»

Voici un résumé de l'événement qui te permettra de comprendre ce qui est arrivé ce jour-là et qui t'amènera à saisir comme l'être humain parvient à aller au-delà de lui-même quand la vie l'y contraint et l'y pousse. Une histoire de courage.

Le 24 août 2001, Robert Piché est aux commandes du vol 236 de la compagnie Air Transat. Le départ a eu lieu à Toronto à 20 h 52 avec 293 passagers à bord, dont 12 membres de l'équipage et 46,9 tonnes de carburant, soit 5 tonnes de plus qu'il n'en faut pour atteindre le Portugal. Robert n'en est pas à son premier vol, même s'il ne travaille que depuis 1996 pour Air Transat, puisqu'il a déjà effectué cette traversée pas moins de 300 fois.

Dans le ventre de l'avion, l'entrée de transfert de carburant du moteur droit, soumise au frottement inhabituel d'une conduite hydraulique, finit par céder. Six jours plus tôt, le service d'entretien de la compagnie aérienne a utilisé des pièces non compatibles pour l'installer. Il reste 23,7 tonnes de carburant, mais les réservoirs du A330 se vident à présent au rythme d'une dizaine de tonnes à l'heure au lieu de cinq.

Pour rétablir l'équilibre, le système de contrôle de carburant amorce un transfert des réservoirs situés dans la queue vers ceux de l'aile droite. Pendant 19 minutes, l'ordinateur va ainsi transférer 3,2 tonnes de carburant afin de maintenir l'appareil dans la meilleure assise aérodynamique possible.

Le commandant Piché est déconcerté par l'invraisemblance des informations retransmises par l'ordinateur ECAM. Pendant ce temps, l'avion file à 850 km/h, il faut prendre une décision. Et surtout ne pas laisser la panique gagner le cockpit. En fait, il est pour ainsi dire étourdi, comme s'il venait de recevoir un coup de batte de baseball en plein front. Ses pensées se brouillent. Il n'a pas été préparé à faire face à une fuite de carburant massive en pleine nuit, au milieu de l'Atlantique. Et personne, en 30 ans de carrière, ne lui a appris à gérer la panique en situation d'atterrissage forcé avec dégâts. Encore moins avec 300 passagers à bord. Il doit se résoudre à admettre qu'il n'a aucune chance d'arriver à Lisbonne, qui est encore à 965 kilomètres nautiques. Il lui faut revoir le plan de vol. L'île de Terceira est à 480 km. Il faut prendre des mesures d'urgence.

Aussitôt on entre dans l'ordinateur les coordonnées de la nouvelle destination. Le pilote automatique amorce alors un large virage de 14 minutes. Bien que la décision de se diriger vers l'île de Terceira soit prise, Robert n'en est pas moins terrassé par l'accablement le plus total. Comme dans un brouillard, il entend Dirk, son copilote, répéter à plusieurs reprises à la radio : « On vient de perdre 8 tonnes de carburant. On a une fuite de carburant massive. On est au milieu de l'Atlantique. On s'en va à Terceira. On vient de perdre 8 tonnes de carburant. On a une fuite de carbu… »

À 2 h 13, le moteur droit s'éteint. On informe la tour de contrôle que l'Airbus A330 vole avec un seul moteur, à 11 890 mètres. Quand le moteur gauche cale à son tour, l'avion continue de fendre la nuit dans un silence effrayant. Aussitôt, une turbine à air se déploie automatiquement sous une aile et commence à produire de l'énergie.

Dans la cabine, les lumières clignotent, le temps que l'éclairage d'urgence prenne la relève. Faute d'électricité, la boîte noire cesse d'enregistrer les données elle aussi quand le deuxième moteur s'arrête. Il n'existe donc aucune trace de ce qui s'est dit dans l'habitacle pendant les 19 dernières minutes de vol.

Les gens pleurent, crient et prient à haute voix. Ils se tiennent les oreilles à deux mains tellement la pression interne est basse, à cause de la dépressurisation de la cabine. Le commandant Piché maintient l'avion en vol plané depuis 18 minutes. La main gauche serrée sur la manette de contrôle, il essaie tant bien que mal de redresser le nez de l'avion afin de lui donner le meilleur angle d'attaque possible.

«Accrochez-vous», rugit dans l'interphone Dirk De Jager, le copilote.

La piste mesure un peu plus de trois kilomètres. L'appareil touche le sol une première fois, mais le choc est si brutal qu'il rebondit et plane sur près de 500 mètres avant de retomber lourdement. Robert applique les freins au maximum. L'avion glisse sur l'asphalte. Le poste de pilotage est secoué de toutes parts. Les pneus explosent sous l'effet de la pression. Le grincement du métal sur la piste est infernal.

Et puis, au bout de presque deux kilomètres, l'appareil s'arrête, comme par miracle, au centre de la piste. Le commandant Piché donne aussitôt l'ordre de sortir de l'appareil. Comme on le voit, Robert est la preuve qu'il est important de croire en ses capacités.

Robert a fait ce jour-là un geste héroïque, il s'est dépassé, car il lui fallait avoir les réflexes et le jugement pour prendre les décisions les plus appropriées, et mener à bien cet atterrissage spectaculaire. Moi qui apprends à le connaître, car nous donnons une conférence ensemble intitulée *Les turbulences de vie*, je découvre en lui un homme humble, vrai et très humain.

Son livre *Sauvetage aux Açores* raconte en détail les circonstances de cet événement qui aurait pu être une véritable tragédie aérienne. Robert est aussi disponible pour donner des conférences axées sur son expérience et il est possible d'entrer en contact avec lui à l'adresse électronique suivante:

www.productionsalbatros.com

LA PERSÉVÉRANCE

Pour réussir un objectif de vie, il est parfois préférable d'avancer lentement, mais d'une manière assidue. Les gens persévérants possèdent de la force de caractère et n'ont pas peur de dépasser leurs limites, jour après jour. Parle à un mendiant qui couche dehors depuis des années ou à une personne qui jouit d'un succès en affaires, et tu verras qu'il est possible que ces deux êtres aient vraiment quelque chose en commun. La persévérance ne se mesure pas à ce que tu possèdes, mais plutôt aux efforts constants que tu déploies pour faire ton chemin dans ce monde. Un être persévérant continue d'avancer même quand tout lui indique d'arrêter.

LE DÉPASSEMENT PLUTÔT QUE LA PERFECTION

En 1968, un coureur de marathon du nom de John Stephen Akhwari représentait la Tanzanie dans une compétition internationale. Un peu plus d'une heure après que le gagnant eut franchi la ligne d'arrivée, John Stephen Akhwari est entré dans le stade : il était le dernier à terminer le parcours. Bien qu'épuisé, souffrant de crampes aux jambes, de déshydratation et de désorientation, une voix intérieure lui disait de continuer, et il l'a fait.

Par la suite on a pu lire : « Nous avons vu aujourd'hui un jeune coureur africain qui symbolise ce qu'il y a de plus beau dans l'homme : une performance qui donne toute sa signification au mot *courage*. » Pour certains, la seule récompense est personnelle. Pas de médaille, seulement la satisfaction d'avoir terminé ce qu'ils avaient décidé de faire.

Quand on lui a demandé pourquoi il avait terminé une course qu'il n'avait aucune chance de gagner, Akhwari a répondu : « Mon pays ne m'a pas envoyé jusqu'ici pour *commencer* la course, il m'a envoyé pour la *terminer*. » Il connaissait son objectif : finir la course. Il savait qu'il devait persévérer jusqu'au bout pour pouvoir retourner en Tanzanie la tête haute. Cela ressemble beaucoup à notre mission qui consiste à bien réussir sa vie.

Une histoire de persévérance (Nathalie Aubertin, quadriplégique)

Après plusieurs entretiens par Internet avec Nathalie, elle est arrivée un beau jour pour assister à une de mes conférences comme participante. J'ai compris pourquoi elle prenait plus de temps à me répondre par Internet : elle écrit avec un bâton dans la bouche qui lui permet d'appuyer sur les touches d'ordinateur, car elle est quadriplégique et muette. Voici une histoire de persévérance et d'amour.

À l'âge de 15 ans, Nathalie a subi une thrombose cérébrale et avait peu d'espoir de survivre. Après 4 semaines, elle est sortie d'un coma, désorientée et découragée. Elle était devenue quadriplégique et muette. Sa vie lui semblait un cauchemar et elle ne voyait plus aucun avenir devant elle. C'est alors qu'elle a décidé de persévérer malgré sa condition et de continuer ses études pour réussir sa vie.

Elle a obtenu son diplôme collégial grâce à ce bâton dans la bouche avec lequel elle peut communiquer et transmettre ses pensées. Elle a ensuite pris tout le temps nécessaire pour taper, une seule clé à la fois, sur un clavier afin de décrocher en plus un diplôme en comptabilité et en création de site Internet. Ce qui lui permet aujourd'hui d'avoir un emploi. Nathalie est âgée maintenant de 35 ans et voici ce qu'elle aimerait te dire.

Salut à toi, j'aimerais te partager quelques réflexions. La vie est pleine d'obstacles qu'il faut surmonter par amour pour soi. Je me dis toujours que ça pourrait être pire et que parfois le fait de rester assis et de pleurer sur son sort ne nous mène nulle part. Tu es la seule personne qui

Voici de quelle façon Nathalie
t'a écrit ce message.

peut décider quel chemin tu vas prendre. Il faut que tu le veuilles toi-même.

Tu peux choisir le chemin d'être malheureux pendant toute ta vie, mais pourquoi donc souffrir davantage ? Au bout de ton parcours, il y a toujours une raison de vivre. J'ai choisi le chemin d'être heureuse et de bien réussir ma vie. Un problème commence à exister quand tu le laisses devenir un problème dans ta propre vie. S'il y a quelque chose que tu n'acceptes pas dans ta vie et qui échappe à ton contrôle, il te faut essayer de trouver une solution de remplacement positive.

Par exemple, je sais et je suis consciente que je ne peux plus marcher, mais je continue de faire mes exercices, car pour moi mon apparence est devenue très importante. J'aimerais bien qu'un miracle se produise, mais... je suis réaliste. Malgré ce qui se passe de négatif dans ta vie présente, il te faut apprendre à te faire plaisir, à faire des choses qui vont te réjouir et t'amuser malgré tout.

À partir de mon expérience de vie, je te suggère de te faire confiance en premier lieu et d'exprimer tes frustrations afin de libérer ton cœur. Je te souhaite bonne route sur le chemin de ta vie...

Avec amour,

NATHALIE AUBERTIN

P.-S. : Les chanceux n'ont pas forcément le meilleur du meilleur. Ils cherchent simplement le meilleur dans ce qu'ils rencontrent sur leur chemin.

À tous ceux qui m'ont fait rire quand j'en avais vraiment besoin. À ceux qui m'ont montré des choses positives quand je touchais le fond.

Merci de tout cœur !

L'histoire de Nathalie Miner

Nathalie Miner

En 2002, Nathalie Miner est arrivée triste à l'une de mes conférences. Elle me disait qu'elle était stressée et semblait dramatiser un événement survenu à son travail. Elle travaillait depuis déjà 4 ans dans un salon de coiffure et son employeur voulait lui faire payer 800 $ par mois pour avoir le droit d'exercer son métier, pour la location de sa chaise de coiffeuse.

Cette situation inattendue faisait en sorte que Nathalie était incapable de vivre tout en payant ses factures. Après ma conférence, elle s'est ressaisie, prête à foncer pour réussir sa vie d'affaires et sa vie personnelle.

J'ai dit à Nathalie qu'il y avait une raison derrière tout ce qui arrive et que si elle suivait judicieusement mes conseils, elle deviendrait bientôt travailleuse autonome. Elle a accepté et m'a fait confiance. Et la première chose qu'elle a dû faire a été de se trouver un local à louer pour elle-même. Cela s'est fait dans la même ville où elle avait toujours travaillé, car elle voulait garder sa clientèle. En l'espace d'un mois, son salon était rénové et elle était prête à ouvrir ses portes. Le nom de son salon : Coiffure signée Natou.

Aujourd'hui, Nathalie compte 5 coiffeuses et 1 massothérapeute qui travaillent avec elle dans son salon. Elle est sa propre patronne et n'a plus à payer son droit d'exercer son métier.

Nathalie a compris qu'elle ne devait pas demander trop d'argent à ses coiffeuses pour le privilège d'exercer leur métier dans son établissement et la location de leur chaise de coiffeuse. Elle leur donne donc une chance comme elle a eu elle aussi sa chance. La loi du retour a pris bien soin de lui rendre en partie son succès.

En 2007, Nathalie fut nommée la femme d'affaires de l'année. « Il y a toujours une solution lorsqu'on cesse de dramatiser et qu'on décide de se faire confiance pour avancer... Pour réussir en affaires, n'aie pas peur de demander des conseils, plusieurs idées valent parfois mieux qu'une. »

Un jour, je suis allé voir Nathalie pour une coupe de cheveux et j'ai remarqué que son salon était plein à craquer. Je lui ai dit bravo! Et quand je lui ai demandé si elle faisait beaucoup de publicité dans les journaux, Nathalie m'a répondu : « Mon secret est que je souhaite maintenant du succès à mes concurrents et les affaires semblent se porter encore mieux. »

Son histoire a déjà inspiré plusieurs participants à mes conférences à se lancer en affaires. Il faut croire en son potentiel. Bravo Nat !

Le don de soi

Certains passeront une vie à travailler
Pour accumuler richesse et abondance
Ils en hypothéqueront leur santé
Pour s'assurer une indépendance

Mais quelle tristesse de constater
Qu'ils n'en auront jamais assez
À quoi sert que t'appartiennent et de posséder
Tous ces biens si durement amassés ?

Il y a une façon d'obtenir la prospérité
Sans pour autant ne rien sacrifier
Il ne suffit que de donner
La loi du retour saura te récompenser

Si tu ne peux partager de ton argent
Tu peux toujours donner de ton temps
Engage-toi dans ta communauté
Que ce soit auprès d'enfants ou de gens âgés

Prends un moment pour aider ton voisin
Tu seras surpris de cette joie
Ta santé en récoltera les bénéfices
Que te procure le don de soi

RICHARD BABIN

Pensée positive

Dès le début, dès ta conception
Tu as été doté de ce don
De cette capacité de tout accomplir
Pour les plus hauts échelons gravir

Tu as été doué de cette faculté
De pouvoir choisir, de décider
Tu as été pourvu d'une intuition
Dans l'intention d'éclairer tes décisions

Mais tout jeune, tu ne connaissais pas d'autres choix
Tu ne voyais qu'un chemin, qu'une seule voie
Tu étais en période de formation
Apprenant par ton observation

Maintenant, ton instinct a été faussé
Par toutes ces expériences emmagasinées
En pensant bien te protéger
On t'a plutôt étouffé et écrasé

Ne fais pas ceci, ne va pas là
Agis comme ceci, fais comme moi
On t'a confisqué ta créativité
Au nom de la conformité

Ta confiance fait désormais place à la peur
Le chagrin envahit à présent ton bonheur
L'orgueil a finalement détrôné ton humilité
À présent tu juges au lieu de pardonner

Tu t'es bâti une carapace, une armure
Tu es aujourd'hui devenu le cœur dur
Tu tombes dans les dépendances
Espérant trouver une temporaire jouissance

Tu es porté par ce vent pessimiste
Tu nages dans ce courant défaitiste
Le succès, le bonheur, c'est pour les autres
Tu n'y peux rien, ce n'est pas de ta faute

Félicite-toi de tes accomplissements
Permets-toi d'accepter les compliments
Apprends à accueillir la vie et ses événements
Suis avec foi ce mouvement et sois patient

Peu à peu tu chasseras cette méfiance
Tu te verras bâtir une nouvelle confiance
Aucun obstacle ne saura te retenir
Les sommets les plus hauts tu sauras franchir

RICHARD BABIN

Le chemin du don

LE DON DE SOI

Quand j'étais enfant, une famille de mon quartier est restée gravée dans ma mémoire, car elle représentait pour moi l'image de la bonté et de l'amour. C'était la famille Châtelain et elle était reconnue comme telle par les gens du voisinage. Quand ma mère me parlait d'eux, elle disait souvent combien M. et Mme Châtelain étaient de belles et de bonnes personnes. Ils étaient très aimables, à l'écoute des autres et si serviables. Ils étaient d'ailleurs toujours pleinement engagés dans la communauté et à l'église.

Ma mère disait aussi qu'ils étaient « la bonté sur terre ». Cela m'a profondément touché si bien que j'étais intimidé et gêné quand je les rencontrais, comme si je me trouvais devant de grandes idoles. À l'époque, je livrais les journaux sur leur rue. Ils étaient très connus et appréciés par tous. Je n'ai jamais entendu de remarques déplaisantes à propos d'eux et ils avaient toujours un sourire à offrir à tout le monde.

De plus, l'entraide pour eux était devenue un mode de vie au quotidien. S'il fallait trouver des fonds pour financer une cause communautaire ou pour aider une famille dans le besoin, les Châtelain étaient toujours prêts. Ils étaient des modèles et les anges de cette petite communauté. Et pourtant un jour, cette famille qui nous semblait née sous une bonne étoile et bénie des dieux a été terrassée par une série d'épreuves familiales pénibles et catastrophiques.

En effet, le malheur s'est abattu sur les Châtelain, car le père est décédé subitement d'une embolie pulmonaire. L'un des garçons est mort dans un accident d'automobile, leur fille s'est suicidée, et la mère de M. Châtelain fut également frappée mortellement par un automobiliste, sous les yeux de son mari, alors qu'ils se trouvaient à ce moment-là devant leur église, dans la paroisse Notre-Dame-de-Lourdes, à Vanier.

Bien entendu, ces épreuves successives ont ébranlé et laissé tout le voisinage en état de choc. Ces funérailles qui se répétaient à intervalles rapprochés ne manquaient pas de susciter beaucoup d'émoi et de consternation chez les habitants de la ville. Tout le monde en parlait. On se demandait pourquoi tous ces drames affligeaient une si belle famille. On criait à l'injustice.

Peu après, quand j'ai revu Mme Châtelain, désormais seule devant sa maison, je me suis senti mal et j'ai éprouvé de l'empathie pour elle. Ce qui m'a extrêmement marqué, et que je n'arrivais pas à comprendre dans ma tête d'enfant, c'est que cette femme admirable, dont la famille avait été décimée et qui avait vécu une telle souffrance, puisse trouver encore le courage de sourire et d'aider les autres. Elle prenait même le temps de me saluer, moi qui n'étais qu'un petit voisin. J'ai compris plus tard que ce qui la soutenait avant tout, c'est qu'elle avait la foi.

En 2006, on m'a sollicité pour donner une conférence au Centre d'accueil Champlain, un établissement pour personnes âgées, situé dans cette même communauté, à Vanier, en Ontario. J'avais quitté cette municipalité, 22 ans auparavant, pour me marier et afin de m'établir ailleurs. En arrivant au Centre d'accueil, on m'a demandé tout bonnement de parler de l'amour et du don de soi en guise de remerciement pour les bénévoles et pour les vieillards du centre qui étaient présents. On m'a aussi avisé que la bénévole de l'année 2006 était dans la salle, en me précisant à l'oreille : « C'est Mme Châtelain ».

Pour moi, de revoir cette femme maintenant plus âgée, avec son sourire toujours aussi éclatant, son écoute et sa disponibilité aux autres, cela restera à jamais un modèle de vie. Elle était encore là, le cœur sur la main, comme elle l'avait été toute sa vie durant. À preuve, elle était nommée la bénévole de l'année.

Mme Châtelain

J'ai pris le temps lors de cette conférence de dire aux gens ce que nous pensions tous de cette femme exceptionnelle afin de lui rendre hommage. J'ai pu constater aussi qu'elle avait de la difficulté à recevoir des compliments, ce qui est souvent le cas chez les gens qui aident leurs prochains. Leur motivation n'est pas la reconnaissance, mais bien plus le plaisir de faire plaisir.

Nous savons que les organismes humanitaires ne cessent de se développer à travers le monde et que les consciences des gens axés sur l'amour se démarquent partout, et font une différence. Leurs réalisations sont de plus en plus médiatisées et reconnues socialement. Il suffit de penser à l'engouement suscité par l'émission *«Donnez au suivant»*, diffusée sur une chaîne télévisée du Québec, et qui incite les gens à accomplir des gestes de bonté partout en province, simplement en les éveillant à l'idée de faire le bien autour d'eux.

On éprouve une certaine reconnaissance à l'égard de toutes ces personnes qui œuvrent pour le bien d'autrui et qui raniment notre désir profond de nous mettre, nous aussi, au service des autres. Je pense que c'est à force d'aider que tu découvres ta véritable nature aimante, ce qui te permet de préserver ton équilibre intérieur. À l'instant même, un être aimé est là, souhaitant ressentir ta chaleur humaine et entendre ta voix.

C'est incroyable tout le bien qu'un simple appel téléphonique apporte dans la vie d'une personne isolée. Ça fait des années que j'appelle ma mère au moins une fois par semaine. Ce partage lui est bénéfique et me fait du bien aussi. Pour certains, le téléphone n'est qu'un moyen de plus de se plaindre des autres, par conséquent leur démarche n'entraîne rien de bon de part et d'autre. Ça ne leur fait que du mal. Il faudrait qu'ils découvrent la loi du retour, cette loi spirituelle qui dit: « On récolte ce qu'on a semé. »

Lors de mes conférences, il m'arrive de rencontrer des gens qui prétendent être tristes et déprimés. Je leur demande alors de me dire si ça fait un bon moment qu'ils ont pris deux minutes pour aider leur prochain. Souvent, ils me répondent: « Je n'ai pas le temps, je n'ai pas d'argent à partager et je ne veux pas me donner tout ce mal. » Je leur réplique qu'il serait bon parfois d'enseigner aux riches à recevoir et aux pauvres à donner.

S'il est vrai que la loi du retour récompense ceux qui sèment, les riches en amour et qui jouissent d'une certaine stabilité financière sont souvent des pauvres à la base qui n'ont jamais cessé de donner. Échange avec ceux qui ont du succès, peu importe à quel niveau, et tu découvriras qu'ils ont eu eux aussi à vivre toutes sortes d'histoires pas particulièrement toujours plaisantes à une certaine époque de leur existence. À un moment donné, tu dois renoncer à rester là à attendre que quelque chose se passe et agir concrètement afin de progresser et propager de la bonne énergie autour de toi.

Un jour, pendant une conférence pour célibataires, un homme me confia qu'il était content d'avoir passé une partie de sa vie avec sa femme, mais que leurs rapports avaient changé et aujourd'hui il souhaitait la respecter dans sa demande de séparation. Il voulait qu'on l'aide à lâcher prise pour qu'il puisse refaire sa vie. Je l'ai encouragé à garder de bons souvenirs de sa relation et à avancer maintenant seul sur ce nouveau chemin.

Il m'a témoigné alors que son amour pour cette femme avait été pur et spécial, et que de son côté elle avait certainement apprécié son passage dans sa vie, car on lui avait transplanté un de ses reins. Il ajouta que même si la séparation lui était difficile, le fait d'avoir donné un rein à la femme de sa vie avait contribué à faire de lui une meilleure personne. Quel beau geste de générosité, de dépassement et de don de soi !

Il survient chaque jour sur cette planète des actes si grands et aussi inspirants, mais qui ne sont jamais rapportés par les journaux. À quoi bon divulguer les bonnes nouvelles ? Ce n'est pas aussi vendeur que les scandales et les tragédies de toutes sortes. Tu n'as qu'à regarder la majeure partie des messages véhiculés par les médias actuellement pour comprendre pourquoi la souffrance reste si présente dans ce monde.

Dans certains pays, mourir en martyr au nom d'un idéal, d'une religion ou d'une cause est considéré comme un geste noble, un geste sacré. Alors que ce qui est sacré au fond, c'est la vie et non la mort ; d'autant plus si la cause dont on parle est le fruit d'une manipulation mensongère.

Selon moi, colporter la souffrance à grand renfort d'images de désolation et de tueries immondes, au nom du droit d'expression ou du droit des gens de savoir, fait plus de tort que de bien. Notre monde a grandement besoin d'amour.

Dans l'éventualité où tu perdrais la vie dans un accident mortel, as-tu apposé ta signature au dos de ton permis de conduire, donnant ton approbation pour que tes organes encore sains soient prélevés à ta mort et maintiennent d'autres personnes en vie ? Y as-tu pensé au moins ? La dernière fois que tu as donné du sang pour alimenter la banque du sang en vue des transfusions, ça remonte à quand ? Ce ne sont pas uniquement les actes matériels qui comptent, mais aussi tous les efforts que tu fais par toi-même pour être plus aimable et plus utile aux autres.

Aider ton prochain répand une auréole d'émotions en toi et renforce ton amour-propre, car tu vois bien que tout geste d'amour compte et que tu peux aussi contribuer à ce monde. Quelle belle façon de rehausser ton estime personnelle que de venir en aide à quelqu'un et de te sentir apprécié !

Chaque jour, des milliers d'enfants meurent de faim dans plusieurs régions de ce globe, alors qu'un simple don de 10 sous aurait pu procurer un bol de riz à l'un d'entre eux. Cette pensée me traverse l'esprit quand je vois une personne laisser un dollar de pourboire à la serveuse qui lui a apporté deux petits cafés. Selon les analystes, si on se fie à cette statistique, le même montant pourrait sauver 10 vies. Et si on prélevait tout l'argent qu'une seule guerre coûte pour le bien de l'humanité, combien de vies seraient épargnées, crois-tu ?

Pour réussir ta vie et y trouver ton équilibre, je te suggère d'inclure dans ton mode de vie ou dans ton énoncé de mission personnelle d'aider une personne chaque jour de ton existence. Le Ciel, l'Univers ou la Vie, peu importe le nom que tu lui donnes, mettra sur ton chemin une situation où ton aide sera requise ou encore une personne à secourir, et ce sera alors à toi d'agir. Communique tes paroles d'amour aux autres à ta façon. Un jour ils te rendront la pareille et les transmettront ensuite à d'autres.

Le cœur humain est comme la mer, il est immense
et c'est dans ses profondeurs que l'on découvre
ses plus grandes richesses.

DONNEZ AU SUIVANT

Aujourd'hui, peu de gens exploitent leur potentiel à leur maximum, que ce soit pour réussir leur vie ou pour contribuer à la réussite des autres. À preuve, demande-toi depuis quand sur ton parcours as-tu aidé une personne simplement par plaisir et par amour ? Et pourtant, cette énergie d'amour et de bienveillance propage une belle chaîne de bonté en action et en encourage d'autres à poursuivre de tels gestes sur terre.

Lors d'une conférence, on m'a dit qu'une des participantes avait dû quitter la salle en pleurs, tellement son mal de dents était intolérable à supporter et la faisait souffrir terriblement. Comme elle n'avait pas les moyens de se faire traiter, elle endurait son mal depuis pas moins de deux ans. Et on peut s'imaginer comment on peut souffrir d'une rage de dents !

J'ai donc émis l'idée aux autres participants de faire une chaîne d'entraide et l'effort collectif de tous a permis d'amasser suffisamment d'argent pour qu'elle soit opérée. Une semaine plus tard, on enlevait à Anne une vingtaine de dents et on les remplaçait par deux prothèses dentaires qui lui redonnaient une belle dentition. Anne ne souffrait plus et était heureuse, elle qui avait tant pâti de son mal.

Un jour, Anne m'a demandé de son propre chef si elle pouvait assister à mes conférence afin d'aider à son tour quiconque avait besoin d'un conseil ou d'une oreille pour l'écouter. L'entraide fait des merveilles dans ce monde, aussi faudrait-il mieux la considérer. L'important ici est d'amorcer la chaîne d'entraide, ou si l'on veut, déclencher une réaction en chaîne, c'est le cas de le dire, car d'une première action le reste s'ensuit. Imagine maintenant ce que pourrait être le potentiel d'entraide sur Internet parmi tes amis !

Je suis de ceux qui croient que les plus belles histoires d'entraide sont gardées sous le silence. Je te donne l'exemple d'Anne afin de susciter une réflexion chez toi et que tu prennes l'initiative d'en faire autant cette année. Aider collectivement une personne dans le besoin à ton travail est sûrement envisageable, ne serait-ce qu'en demandant à chacun de donner chaque jour pendant une période de temps l'équivalent de ce que leur coûterait un simple café. En peu de temps, tu auras accumulé une jolie somme enviable que tu pourras remettre à une personne dans le besoin. Je te souhaite d'être l'instigateur d'un geste d'entraide au moins cette année, geste auquel participeront beaucoup de gens dans une belle solidarité humaine.

APPRENDRE À RECEVOIR

Autant il importe de donner au suivant, autant est-il tout aussi important d'apprendre à recevoir dans la vie. Il m'arrive souvent d'entendre des gens refuser des compliments mérités par timidité ou fausse humilité, ou encore de s'exclamer: «Pourquoi moi?» Apprends à apprécier les petites attentions, les cadeaux ou les gestes qui te sont accordés par amour pour toi-même. Sois sensible et reconnaissant de cette attention qu'on te donne et qui devrait t'aider à rehausser ton estime personnelle. Pourquoi serait-il si surprenant que les gens t'aiment et te considèrent? Accepte leurs gestes avec amour et appréciation, et fais de même pour eux.

Trop souvent, quand tu te laisses emporter par tout ce branle-bas de la vie quotidienne, la nature humaine étant ce qu'elle est, il peut arriver que tu oublies de prêter attention ou de reconnaître l'importance des gens qui partagent avec toi leur temps, leur soutien et, dans certains cas, leur vie amoureuse. On a l'impression parfois que tes préoccupations du moment tournent dans ta tête aussi vite que les mouvements de la Terre, tant tu sembles même pressé d'aller nulle part.

Tu dois prendre le temps de t'arrêter et d'estimer ces gens formidables qui embellissent ta vie, et ce, à tous les niveaux. Pourquoi ne pas dire merci à celui qui t'a servi ton petit-déjeuner avant que tu te rendes au travail ce matin? Il a peut-être quitté sa femme et ses enfants à 5 h pour arriver à l'heure et servir ses clients afin qu'ils commencent leur journée du bon pied.

Qui prend soin de ton parachute ?

Charles Plumb était pilote de chasse dans la marine américaine au Viêt Nam. Après 75 missions de combat, son avion fut abattu par un missile sol-air. Il s'éjecta de son appareil et atterrit sain et sauf grâce à son parachute dans une zone contrôlée par l'ennemi.

Il fut par la suite capturé par les communistes vietnamiens et passa six années en prison. Mais il survécut à l'épreuve et donne encore aujourd'hui des conférences sur les leçons à tirer de toutes ses expériences. Un jour, Charles Plumb et sa femme étaient assis dans un restaurant lorsqu'un homme se leva d'une autre table et s'approcha de lui pour lui dire :

« Vous êtes Charles Plumb, n'est-ce pas ? Vous étiez pilote de chasse au Viet Nam sur le porte-avions Kitty Hawk. Votre avion a été abattu !

– Comment donc savez-vous ça ? demanda M. Plumb.

– Je me suis occupé de votre parachute », répondit l'homme.

Charles Plumb était tellement surpris qu'il en eut le souffle coupé, mais il se reprit et lui exprima finalement toute sa gratitude. L'homme fit un geste de la main et dit :

« L'important, c'est qu'il ait bien fonctionné, n'est-ce pas ? »

Et M. Plumb lui répondit : « Et comment ! Si votre parachute n'avait pas fonctionné, je ne serais pas de ce monde aujourd'hui. »

Charles Plumb n'arrivait pas à trouver le sommeil cette nuit-là, car il pensait sans cesse à cet homme. Il se demandait à quoi il ressemblait dans son uniforme de marin : il devait porter un béret blanc, une bavette dans le dos et un pantalon à pattes d'éléphant. Combien de fois il avait dû le voir sans même lui dire : « Bonjour, comment ça va ? » ou quelque chose du genre. Charles Plumb était pilote de chasse alors que cet homme n'était qu'un simple marin sur le même navire.

Charles Plumb pensa à toutes ces heures que le marin avait passées sur le navire, à plier soigneusement des parachutes sur une longue table de bois, ayant à chaque instant entre les mains le destin de gens qu'il ne connaissait pas.

« Qui prend soin de ton parachute ? » Tu as souvent autour de toi des personnes sympathiques qui, avec amour, prennent soin de ton parachute physique, émotionnel, mental ou même spirituel. Des personnes qui te donnent en quelque sorte tout ce dont tu as besoin dans ta journée pour combler l'un de ces aspects, pour t'aider dans les moments difficiles. En es-tu reconnaissant ? Parfois, dans le tourbillon de la vie quotidienne, tu en oublies même ce qui est vraiment important.

Tu considères peut-être bien banal de dire : « Bonjour, comment vas-tu ? », « s'il te plaît, me donnerais-tu ce document ? », « merci, tu es vraiment gentille », ou de simplement féliciter quelqu'un qui vient de vivre un événement important pour lui. Et pourtant, ce genre d'attention est très apprécié de la plupart des gens.

Aujourd'hui, pourquoi ne pas faire tout simplement un compliment, un câlin, ou une gentillesse à quelqu'un, uniquement pour le plaisir de faire plaisir ? Avec le temps et beaucoup de répétitions de bonnes actions, le don de soi devient un mode de vie. Enseigne ce mode de vie à tes enfants afin de perpétuer cette vague de bienveillance.

Quand l'amour termine sa route

Ensemble depuis une vingtaine d'années
Ils s'étaient rencontrés à l'université
Une belle histoire d'amour
Que tous auraient voulu voir durer pour toujours

Fait l'un pour l'autre, on disait
Partageant les mêmes intérêts
Planifiant leur avenir à deux
Ils étaient tellement heureux

Persévérant en ce rêve commun
Ils ne formaient qu'un
Ils payèrent leur demeure en peu de temps
Où ils ont bien élevé leurs enfants

À leur rôle de parents, ils se sont dévoués
Leur vie de couple, ils ont un peu négligée
Trop d'énergie investie dans leurs professions
Ils oublient les petites attentions

La routine est bien installée
Mais ce train-train ne pourra durer
Ils ont cessé de communiquer
Dans ce piège, ils sont tombés

On ne leur avait jamais appris que le mariage
Est l'union de deux personnages
L'un se sentira éventuellement étouffé
Voilà un autre couple divorcé

Ils ont pourtant essayé de leur mieux
Mais maintenant, ils sont malheureux
Le respect est toujours demeuré
Ils se quittent en amitié

Pas question de tout détruire
À quoi servirait-il de mutuellement se nuire ?
Ils ne feraient, que leurs chers enfants, punir
Et que de souffrances inutiles leur faire subir

Ils ne considèrent guère leur mariage comme une calamité
Ils se réjouissent au contraire des biens réalisés
Ils assument leurs choix et décisions
Au besoin, ils s'apprêtent au pardon

Un bon jour aux mariages de leurs enfants
Ensemble, ils seront présents
Le cœur rempli d'amour
Qu'ils auront pour leurs enfants toujours

RICHARD BABIN

Nous referons le monde

Nous referons le monde avec des yeux qui chantent
Avec des mots qui parlent au cœur de chaque jour
Et à chacun d'amour

Nous referons le monde sans oublier personne
Les enfants délaissés, tous les laissés pour compte
On va s'en occuper

Nous referons le monde, agrandi de lumière
Par les yeux des enfants qui pétilleront de joie
De nous savoir ensemble

Nous referons le monde, celui qui se referme
Qui reste en lui-même, oui nous allons l'ouvrir
Comme une fleur qui s'ouvre
Nous serons le soleil
Oui nous serons la pluie

Nous referons le monde, en veillant sur chacun
Du plus profond du cœur, leur insufflant la vie
Comme un vent qui se lève
Qui apporte sur les lèvres
Les paroles d'amour

Nous referons le monde comme un soleil qui monte
Dans le ciel de nos yeux, tous nos regards heureux
Éclaireront la terre

Nous referons le monde avec des mots qui disent
Le cœur sous notre emprise, le don et l'abandon
La paix à l'unisson

Nous referons le monde dans nos mains qui se tiennent
Comme une grande chaîne et à chacun son tour
De nous parler d'amour...

PAROLES ET MUSIQUE : JEAN-PIERRE MANSEAU

Le chemin du détachement

LE PARDON

Pardonner est une des grandes clés du bonheur, mais elle n'est accessible qu'à ceux qui ont assez de discernement pour le faire et qui possèdent les outils nécessaires pour demander ou pour accorder leur pardon. Le pardon est là où règne déjà la paix. Dans un premier temps, tu es donc appelé à bâtir cette paix en toi. C'est d'ailleurs la raison pour laquelle, lors de mes conférences, l'amour de soi est toujours le premier thème abordé et le pardon, le dernier. Cela fait partie du processus de guérison et de désintoxication émotionnelle, car il faut avant tout ressentir assez d'amour pour soi-même pour avoir ensuite la capacité de se pardonner et de pardonner aux autres.

Ceci explique également pourquoi notre monde d'aujourd'hui est de plus en plus souffrant, car en raison de leur manque d'amour-propre, rares sont les gens qui sont vraiment capables de pardonner. Les médias n'aident pas la cause de la paix et véhiculent volontiers des idées de vengeance en faisant état d'épisodes de rancune, de ressentiment et de rancœur tenaces. Les films diffusés sur petit et grand écran n'échappent pas non plus à cette mode. Nous assistons ainsi à un retour de la loi du talion : « Œil pour œil, dent pour dent. » Encore ce désir fou de rendre la pareille, de se venger avec rigueur.

Je suis toujours désagréablement consterné de voir que des peuples continuent de s'en vouloir les uns aux autres, génération après génération. On laisse entendre que le niveau de l'intelligence humaine a supposément évolué avec le temps, et pourtant de nouvelles guerres éclatent quand même partout dans ce monde, répandant d'atroces et terribles souffrances. On ne remédie pas à la haine par la haine, car de cette façon, on l'excite et on l'attire. On parvient plutôt à vivre en paix en semant l'amour.

Tu peux donc participer pour contribuer à embellir le monde. Il suffit que tu laisses une marque d'amour autour de toi, par le pardon, entre autres. Petit à petit, pour les gens assez éveillés spirituellement pour le comprendre, ton exemple de pardon sera un enseignement de sagesse et de dépassement de soi.

Oui c'est vrai, le pardon est l'un des plus beaux cadeaux que l'on puisse s'offrir. Et quoi qu'on en dise, le pardon est un geste égoïste. Selon moi, le pardon représente une puissante forme de libération, car tant que tu en veux à quelqu'un, tu continues à rester attaché à lui malgré toi. Tu perpétues ce lien affreux qui te lie à l'autre, en nourrissant cette animosité que tu ressens à son égard, qui te brûle les entrailles et t'arrache le cœur, tellement ton amertume est intense et dévastatrice. Car c'est à toi que tu fais le plus mal, c'est toi seul que la hargne dévore à ce point. Ce fiel qui coule dans tes veines et te fait tant souffrir est une preuve de plus que ta rancune est autodestructrice. C'est comme si tu buvais tous les jours du poison à petites doses et perdais peu à peu ta joie de vivre, quand ce n'est pas ta santé.

Plusieurs médecins ont mené des études en ce sens et démontré ce lien direct de cause à effet entre les émotions refoulées et les maladies. «Le mal a dit...» est une formule qui en dit long. Le Dr Frank Boehm, par exemple, a constaté que plusieurs de ses patients, en trouvant la force et l'amour de pardonner pour ce mal qu'on leur a fait et qui les rongeait depuis belle lurette, ont recouvré du même coup leur santé.

Certaines blessures telles que la trahison, l'injustice, le rejet, l'humiliation et l'abandon peuvent, avec le temps, démolir ton amour-propre et te pousser à refaire ces mêmes scénarios, et à revivre encore ces mêmes souffrances dans tes relations interpersonnelles. C'est pourquoi il est bon de faire la paix avec ton passé et toi-même avant de t'investir à nouveau dans une relation amoureuse. Trop souvent, de nouvelles relations amoureuses débutent dans la souffrance et se terminent dans cette même souffrance, faute d'avoir modifié notre scénario de départ. Il va de soi que de reproduire les mêmes erreurs, même si c'est avec une autre personne, entraînera des résultats désastreux semblables.

Le pardon demeure un élément primordial pour maintenir une relation des plus saines envers autrui et vis-à-vis de toi-même. Le pardon ne doit pas se vivre en pratique seulement, aux dix ans, et dans le cadre d'une thérapie libératrice. Le pardon devrait faire partie de ton mode de vie au quotidien. Pardonner ne signifie pas nier ta souffrance ni donner raison pour autant aux gens qui t'ont blessé. Cela ne suppose pas non plus une réconciliation obligatoire. Tu peux très bien pardonner à quelqu'un tout en choisissant de rompre toute relation et contact avec lui.

Quand une personne te blesse, il n'est pas nécessaire non plus, contrairement à l'allusion biblique, de lui présenter l'autre joue. Ce genre de « chantage religieux », où tu t'exposes à un redoublement d'outrages, a encouragé trop de gens à se placer chaque fois dans une position de victime. Et si tu avais assez de respect envers toi-même pour reprendre tout simplement le contrôle de ta vie ? Te faire blesser une fois peut aussi bien être une fois de trop, si tu en décides enfin ainsi. Le dalaï-lama a écrit : « Le respect n'est pas quelque chose qu'on espère ou quémande dans nos relations humaines, et quiconque nous manque de respect, on pourrait l'exclure de notre vie à jamais. »

Comme je le précisais précédemment, « pardonner » n'est pas synonyme de « se réconcilier ». Sache que tu as d'autres choix, comprends-le. Ce n'est pas parce que tu as pardonné à une personne souffrante qui t'a blessé son manque de respect à ton égard que cette personne est plus fréquentable pour autant. Pardonner ne signifie certainement pas de faire l'ignorant et d'agir comme si rien ne s'était jamais passé.

Dans certains cas, j'admets que le pardon t'aidera grandement à renouer une relation amoureuse ou amicale et je te souhaite de le vivre le plus souvent possible. Mais que ce soit toujours dans le respect de toi-même. Le choix d'en finir avec une relation, de tourner la page ou de poursuivre ton engagement sur de nouvelles bases, cela reste ton choix. À toi de l'assumer. Parfois, se tromper de chemins permet d'en découvrir de meilleurs.

Si on décortique ce mot, « pardon » signifie tout simplement « par… don de soi ». C'est ton moi supérieur qui accepte de donner un peu d'amour à celui qui t'a offensé en t'amenant à comprendre qu'il n'est pas foncièrement méchant, il est plutôt souffrant. On ne vient pas au monde hypocrite, malhonnête, triste, criminel ou meurtrier : on le devient. Pourquoi demander la perfection à un autre quand tu ne peux pas l'offrir toi-même ? Malgré toute sa bonne volonté, l'être humain restera toujours parfaitement imparfait. Alors, à quoi bon exiger des autres la perfection ? Et souviens-toi de la libération que tu as vécue et de ta propre reconnaissance après avoir obtenu le pardon de quelqu'un.

J'aimerais vous raconter une histoire qui a secoué l'Amérique il y a quelques années pour vous démontrer comment le pardon est véritablement un don de soi. Parfois, la personne à qui on pardonne ressent votre démarche d'amour, votre don d'amour, et cela changera sa vie à jamais.

Entre 1982 et 1985, Gary Leon Ridgway, surnommé le « tueur de la Green River », a violé et assassiné 48 jeunes femmes, pour la plupart des prostituées, avant d'être reconnu coupable et finalement condamné à la prison à perpétuité. Lors de l'audience publique, le 5 novembre 2003, d'une voix sans émotion celui-ci a demandé pardon pour ses crimes, mais le juge a affirmé qu'il ne croyait pas aux remords du tueur.

Au cours de cette audience exceptionnelle, chacune des familles éprouvées a eu la possibilité de s'adresser au tueur pour lui dire enfin ce qu'elles avaient sur le cœur, et combien la mort de ses femmes qui avaient aimé et avaient été aimées, avait provoqué en elles une tristesse infinie, des cauchemars, des suicides, des dépressions.

La plupart des familles étaient très en colère et espéraient que Gary Ridgway «brûlerait en enfer». Le frère de l'une des victimes a laissé éclater son hostilité en disant: «C'est une saloperie comme vous qui ne mérite pas de continuer à vivre, et non les victimes dont vous avez pris les vies.» Gary Ridgway restait les yeux dans le vide, apparemment insensible à l'écoute de leurs paroles. Pas une fois il ne sembla touché par leurs souffrances.

Enfin, les seules personnes qui parvinrent à l'émouvoir et à lui tirer quelques larmes furent celles qui lui affirmèrent lui avoir pardonné. Il s'agissait de la mère d'Opal Mills, assassinée à 16 ans, qui a été capable de lui accorder son pardon en lui disant: «Je vous pardonne. Vous n'avez plus d'emprise sur moi. Je ressens une paix en mon âme, un détachement émotif par rapport à votre crime, je vous souhaite de l'amour maintenant.»

À ce moment-là, Gary Leon Ridgway a fondu en larmes comme un enfant blessé. Un enfant qui ressentait soudain l'amour venant de cette femme et de cet homme, cet amour dont il avait toujours manqué. Le petit garçon en lui s'est permis de ressentir leur don de soi avant d'être exécuté pour ses crimes crapuleux. Certains souffrent à un point tel qu'ils deviennent aussi monstrueux que la souffrance et les blessures refoulées qu'ils étouffent en eux.

Lorenzo Scupoli, auteur du *Combat spirituel*, écrivait avec raison: «Sachez qu'au moment où vous pensez du mal de votre frère, vous en portez quelques racines en votre cœur. Quel que soit le mal qui nous a été fait, ne confondons pas la maladie et le malade. Combattons la maladie et essayons si possible d'aider le malade.» Il est à noter ici que personne ne peut aider quelqu'un qui ne veut pas s'aider. Le dépassement de soi nécessaire pour améliorer ta vie doit être un désir sincère et volontaire pour que ce cheminement soit vrai et non le fruit d'une réaction temporaire.

Comme on le voit, c'est le manque d'amour qui est à la base de tous les conflits, et seul le pardon véritable possède le pouvoir de réparer les dommages causés, même les plus cruels. Le pardon est là précisément pour ne pas garder de ressentiment à l'égard de ce que nulle excuse ne saurait excuser. Une des caractéristiques du pardon est également son absence de limites quant à la gravité des fautes pardonnées.

De plus, même si celui qui t'a offensé ne semble pas éprouver le moindre repentir, tu te sentiras personnellement plus sain de corps et d'esprit de lui pardonner quand même. Le pardon est pour toi-même avant tout. Pardonner, c'est comme dire à quelqu'un qui t'a blessé: «Je ne souffre plus de ce que tu m'as fait, je me permets de vivre et d'aimer le cœur en paix, car je m'aime assez pour m'offrir ce cadeau.»

J'ai vécu personnellement de très beaux moments de pardon que je n'oublierai jamais. Étant donné ma carrière antérieure de policier, il m'est arrivé lors de mes conférences de revoir plusieurs personnes que j'avais accusées et fait condamner pour divers crimes dans le cadre de mes fonctions. Le fait qu'elles s'inscrivent le matin même de mes conférences était pour moi un geste d'amour et de respect de leur part, et pour ça, je les en remercie.

Il m'est arrivé d'accueillir des policiers et policières qui disaient m'avoir jugé et ne pas comprendre que je puisse aider des criminels à se reprendre en main. J'ai même ouvert mes bras à des gens qui, lors d'arrestations violentes, m'ont blessé si bien que j'ai dû être hospitalisé. J'avoue d'ailleurs que c'est un sentiment de libération qui t'habite quand tu as la possibilité de parler et de pardonner à une personne qui a jadis tiré en ta direction avec son fusil de chasse de calibre 12.

Pardonner à cette personne ne justifie pas ses actions. Le pardon est un dépassement, un acte d'amour, un geste accompli avec maturité pour pouvoir enfin tourner la page sur cette blessure du passé, et vivre ta vie plus librement dans ton cœur. Il peut être plus facile de pardonner à quelqu'un quand tu fais montre d'une certaine compréhension envers lui. C'est-à-dire quand tu cherches à comprendre ce qui a motivé son acte ou ses paroles, tu fais preuve d'indulgence à son endroit et le pardon fait peu à peu son chemin.

Quand j'étais un enfant, j'ai été victime d'agressions sexuelles de la part d'un voisin pendant quelques années. Plus je grandissais, plus grandissaient aussi le mal qui m'habitait et ma faculté de comprendre la souffrance de mon agresseur. Car plus tu apprends à t'aimer, plus tu peux développer de l'empathie pour les gens qui t'ont blessé. Et pourtant, même le fait de comprendre la souffrance des autres ne leur donne pas raison pour autant de t'avoir fait du mal.

***

Je te propose un exercice des plus libérateurs pour t'aider à évacuer certaines émotions malsaines enfouies au plus profond de ton cœur. Ces émotions néfastes t'ont parfois été transmises par tes parents qui t'ont donné inconsciemment leur souffrance en héritage.

Pour que cet exercice soit bénéfique, choisis une soirée ou un moment où tu es seul et complètement disponible pour toi-même, et ce, quelques heures durant. Rédige deux lettres différentes, une à l'intention de ta mère, et l'autre que tu adresseras à ton père afin de leur exprimer toutes les frustrations et les déceptions que tu ravales peut-être à leur sujet depuis tant d'années.

Prends le temps de bien réfléchir et de ressasser dans ton esprit la période de ton enfance afin de réveiller tes souvenirs endormis. Pour t'aider dans cette marche vers le pardon, retrouve des photos sur lesquelles on te voit enfant. Le but de ces lettres est de t'aider à acquérir une certaine maturité sur le plan émotif afin que cesse cette souffrance que tu revis à travers ces épisodes de ton passé.

De plus, j'admets que ce sera un peu plus difficile, mais il est important de rédiger tes lettres de la main opposée à celle que tu emploies habituellement pour écrire. Par conséquent, si tu es droitier, écris ces lettres de la main gauche. Le principe sous-jacent d'employer ton autre main est d'imaginer en quelque sorte que c'est le petit enfant blessé en toi qui décide enfin d'écrire à ses parents, d'une main maladroite et de façon ardue, toutes les frustrations qu'il a vécues à leurs côtés et qu'il n'osait pas exprimer de peur de les froisser ou d'être brutalisé.

Permets-toi d'exprimer enfin tous ces non-dits, déloge-les de ton cœur, évacue-les une fois pour toutes, et libère-toi de cette prison d'émotions malsaines qui te torturent peut-être depuis tant d'années. N'oublie rien, ne te cache pas le fait que tout cela t'a fait immensément mal et que tu en éprouvais d'autant plus de douleur et de difficulté à comprendre, puisque cette peine était peut-être suscitée par tes propres parents.

Une fois que tu leur as révélé sur papier toutes les frustrations que tu as dû supporter, refais ce même exercice de traduire en mots ce que tu ressens, mais écris-leur cette fois à chacun une lettre d'amour et d'admiration. Sers-toi encore de la main opposée à celle que tu emploies au jour le jour pour exécuter ce geste d'écrire. Même si cela peut être particulièrement difficile, surtout si tu as du mal à aimer et admirer tes parents, je crois que toi, comme tout le monde, tu devrais pouvoir au moins leur dire merci de t'avoir donné la vie.

Puis, quand tes lettres seront terminées, je te propose de les lire d'abord à ta mère, en imaginant qu'elle est présente, et de répéter ce processus dix fois de suite. Puisqu'il s'agit de cette femme qui t'a enfanté et porté en elle, lis-lui symboliquement ces missives, étendu sur ton lit, mais dans la position d'un fœtus. Examine alors ce qui se passe en toi, ne cherche pas à retenir les émotions qui surgissent du plus profond de ton être, peu importe de quelle façon elles s'extirpent de ta forteresse de chair. Accorde-toi le droit de laisser toute ta souffrance secrète s'extérioriser et sortir de ta vie. Ce qu'on écrit, on le vit ; et quand on le lit, on s'en libère.

Maintenant, imagine que ton père est là lui aussi, disposé à écouter ce que tu as à lui dire, et lis-lui tes lettres à voix haute dix fois consécutives, mais en te tenant debout devant lui. Étant donné que le père représente dans l'inconscient collectif la figure d'autorité et de discipline, il est important de te lever pour lui lire tes lettres d'une voix sûre. On dit qu'on est couché pour rêver, assis pour apprendre et debout pour s'affirmer. Donne-toi le droit de te lever pour énoncer et faire connaître enfin à ton père tous les non-dits de ton cœur.

Ensuite, pour donner la touche finale à ce processus libérateur, je te suggère d'écrire des lettres à tous les gens qui t'ont blessé d'une façon ou d'une autre dans ta vie. Sers-toi de la main que tu utilises habituellement pour écrire. Prends le temps de bien expliciter tes émotions sur papier. Cette démarche peut même te prendre plusieurs semaines. Une fois que ce travail d'introspection est complété, lis le fruit de tes pensées avec tout ton cœur et à voix haute pour mieux ressentir ces émotions afin de les libérer.

Puis, pour en finir vraiment avec toute cette peine et « couper avec ton passé », pour employer une expression courante, brûle toutes tes lettres. Regarde-les se consumer jusqu'à ce que le feu les ait complètement détruites et réduites en cendres. Ce rituel est significatif, car ce faisant, c'est comme si tu rompais tout lien néfaste avec ton passé et que tu le voyais disparaître en fumée. Termine tout cela par une petite prière pour toi-même. Si tu ne crois en rien, tu peux te donner quand même cette possibilité de ressentir quelque chose dans cette prière, de tenter ta chance et de prier. Le fait de te parler à toi-même et de l'intérioriser dans ton esprit t'aidera tout simplement à mieux te comprendre.

Se pardonner à soi-même

Toutefois, tu ne dois pas négliger de t'accorder le pardon à toi-même. Ne sois pas comme certains perfectionnistes qui éprouvent beaucoup de difficulté à se pardonner quoi que ce soit, car ils ne se permettent pas la moindre erreur. Ici, il ne faut pas oublier que tout le monde est humain et que l'un des critères pour atteindre l'amour de soi est justement de se permettre des erreurs. Ne fais pas non plus comme ces gens qui se sentent coupables trop facilement et pendant longtemps, ce qui les freine dans leur évolution et les retient de se pardonner à eux-mêmes.

Ce sentiment a parfois une grande utilité, je vous l'accorde, mais je trouve néanmoins que l'Église y a trop souvent fait appel pour réprimer les gens. Ainsi, loin d'être libérateur, le sentiment de culpabilité devient au contraire trop emprisonnant. Quand les gens comprennent vraiment ce qu'est le pardon, seuls ceux qui manquent de maturité intellectuelle et affective ne parviennent pas à se pardonner. En fait, les gens immatures ont la plupart du temps besoin d'une raison de se plaindre ou de «chialer»; ceux qui sont habitués à jouer à la victime en savent quelque chose. Le fait de se pardonner leur enlèverait ce plaisir…

Et dans un mouvement ultime et complet de libération intérieure, pourquoi ne pas t'écrire maintenant une lettre personnelle pour exprimer toutes les frustrations que tu gardes par rapport à toi-même? Répète la même procédure que pour tes parents et les gens qui t'ont blessé au cours de ta vie, et lis ensuite cette lettre à haute voix avant de la brûler elle aussi.

Si tu désires rendre ta démarche encore plus exigeante et avoir un témoin de cette recherche d'équilibre intérieur, lis alors cette lettre en toute humilité à un confident ou à quelqu'un en qui tu as confiance avant de la détruire. Je te conseille de lire ta lettre tranquillement, dans un état de conscience éveillée et de la vivre non pas sur le plan de l'intellect, mais au niveau de l'âme. Le pardon sincère est d'ailleurs source de fraîcheur pour l'âme.

LE DEUIL

Lors d'une perte de taille dans ta vie, que ce soit une déception amoureuse, le décès d'un être cher, une perte d'emploi ou d'autres pertes possibles, tu dois apprendre à en faire le deuil. Il te faudra y renoncer et accepter d'en être privé. Pour ce faire, apprendre les étapes d'un deuil lors d'une perte te sera très utile afin de comprendre où tu en es rendu dans ton cheminement.

Tu devras d'ailleurs passer par cinq étapes bien précises: la négation, la colère, la tristesse, l'acceptation et la renaissance. Vivre un deuil est différent pour chacun en matière de temps. Pour t'aider dans ce processus, il est bon de parler de ta souffrance et d'exprimer ta peine à mesure que tu la ressens. Ne cherche pas à t'isoler davantage ou à donner l'impression de la personne forte, car un jour ou l'autre tes émotions te rattraperont.

Écrire une lettre à un ex-amoureux pour extérioriser ta colère ou ta tristesse est une bonne façon de libérer ton cœur. Après l'avoir lu à haute voix pour toi-même, je te propose de détruire cette lettre. Tu pourrais faire de même en rédigeant une lettre d'amour aux gens décédés que tu as aimés afin de donner libre cours à ta peine. Si tu as vécu un avortement, n'oublie pas d'écrire à ton petit ange disparu.

Comme je te l'ai signifié pour d'autres contextes particuliers, notamment pour le pardon ci-dessus mentionné, plusieurs personnes déjà ont tiré avantage de cet exercice d'écriture de

lettres pour évacuer un trop-plein d'émotions qui les étouf-
faient. Et si tu crois que tu n'as pas d'émotions vis-à-vis de tel
événement qui devrait pourtant te marquer, efforce-toi quand
même de le faire ; le résultat pourrait te surprendre.

LES PRÉJUGÉS

Combien de gens sont catalogués lors d'une première
rencontre, d'un simple regard, sans avoir la chance ou le temps
de se faire connaître ? Tantôt, ce n'est qu'une infime partie de
leur passé qui en est la cause. Même si tu aimes prétendre le
contraire, nous avons tous des préjugés. Un rire, une peur, un
silence, un soupir, un regard peuvent parfois sembler anodins,
mais ce qui à la base te porte à réagir à cette expressivité est
souvent un préjugé.

Dans certains cas, un préjugé peut être inconscient et
prendre la forme d'un automatisme au point d'être véhiculé
comme une vérité absolue. Quand j'étais jeune, une des
premières fois où j'ai fréquenté l'école de mon quartier, j'ai
vite compris qu'on était les Français contre les Anglais. À mes
yeux, l'Anglais était devenu l'ennemi sans même que j'en
connaisse un seul.

À mon avis, l'inégalité sociale demeure une réalité de nos
jours, même si nos politiciens et employeurs essaient de nos
jours, parfois de nous faire croire le contraire. Combien de
gens se font refuser un emploi encore aujourd'hui à cause de
leur apparence, leur tenue vestimentaire ou leur sexe ? Essaie
donc d'obtenir un emploi dans un service à la clientèle si tu es
obèse. Ce n'est pas impossible, mais peut-on convenir que c'est
moins probable ?

Lorsque je suivais ma formation au collège de police de
London, en Ontario, j'ai souvent entendu des histoires selon
lesquelles un tel était un bandit et un dur à cuire, car il avait des
tatouages partout sur le corps. Combien de fois ai-je intercepté
des personnes circulant en moto ? Quand ces dernières possé-

daient une Harley Davidson, j'étais plus prudent en leur présence et je prenais plus de temps à vérifier leurs cartes d'identité.

Je croyais qu'il y avait plus chances que je découvre un mandat d'arrêt émis au nom d'une de ces personnes en raison de la marque de moto qu'elles conduisaient. Je pense parfois à cette période de ma vie passée avec le sourire quand je me balade aujourd'hui en moto avec, à mon tour, des tatouages sur les bras.

Combien de fois alors que j'étais de service ai-je entendu une personne me dire qu'un tel était un vendeur de drogue? Quand je demandais la raison de ce soupçon, on me répondait que cet individu portait maintenant une pagette. S'il fallait aujourd'hui arrêter tous les gens qui portent un téléavertisseur, notre société serait dans une situation critique. De tels déductions ou soupçons se font assez rapidement et les préjugés qui en découlent intègrent notre mode de vie avec le temps.

D'autre part, as-tu réfléchi aux préjugés qui existent dans le domaine de l'amour? Tous les hommes sont pareils! Les filles blondes sont moins intelligentes et plus sexuelles! L'amour fait mal! Le mariage est une véritable prison! Le divorce est un échec! On ne peut pas aimer la même personne pendant toute une vie! Une personne célibataire est mal vue comme si elle était atteinte d'une maladie! Une relation qui dure 25 ans est un succès! On aime juste une fois dans la vie! Les hommes ne sont pas sensibles! Les hommes ne pleurent pas! Les femmes ne sont pas infidèles! Les femmes doivent rester à la maison et ne pas travailler!

Rappelle-toi quand tes parents te disaient: «Sans instruction, tu ne feras rien de ta vie et, sans diplôme, tu n'auras aucun emploi et tu vas te retrouver dans la rue.» Combien de gens vous diront de ne pas donner de sous à un mendiant, car il va boire cet argent? Les artistes sont des drogués! Un policier est toujours honnête! Les vendeurs d'automobiles d'occasion sont des voleurs! Les Juifs aiment l'argent! Le chômage est une affaire de paresse!

Comment expliquer que nous apprenons tous des stéréotypes et que notre cerveau et nos valeurs en sont contaminés? Tu dois comprendre que cela résulte en partie de notre éducation et de l'influence que les autres ont sur nos pensées. Souvent, un préjugé peut s'enraciner en toi par suite d'une expérience, d'une parole, d'une rumeur très récente ou ancienne que tu as entendue maintes fois.

Pour certains, une rumeur a la capacité de passer rapidement de fausse croyance à «vérité pure» et ils la propageront à leur tour par simple ignorance. As-tu remarqué à quel point plusieurs religions véhiculent des préjugés pour ensuite parler de pardon et d'amour? Un samedi matin, alors que j'écrivais ce paragraphe, j'ai entendu l'animateur d'une émission religieuse dire sur les ondes: «Si tu n'as pas la foi, ta vie ne mérite pas d'être vécue.»

Quelle ignorance irréaliste à ne pas propager! Ce genre de paroles manipule les opinions des gens et fait vivre à plusieurs de la culpabilité gratuite. Suivre un tel enseignement aveuglément sans se permettre d'avoir un esprit critique est vraiment triste. Que de préjugés encore aujourd'hui à l'égard de parents qui ne sont pas mariés ou de gens qui affirment leur homosexualité! Il y a tellement de gens qui disent avoir la foi et qui blessent ensuite les autres ou eux-mêmes. Alléluia, mon œil!

Dans le domaine criminel, je suis convaincu que certaines fausses rumeurs ont été la cause de plusieurs meurtres. Pour certains, s'ils entendent ou lisent une quelconque nouvelle, ils sont persuadés de sa véracité. Je trouve cela déplorable. Combien de querelles de famille inutiles à partir de ouï-dire ou de perceptions trompeuses? As-tu déjà remarqué combien de gens ont une peur maladive de parler en public, par appréhension des préjugés des gens en ce qui a trait à leur présentation?

As-tu déjà réalisé à quel point un simple jugement peut avoir des conséquences directes chez un individu? Imagine tous ces gens qui ont un manque d'estime de soi, de confiance, d'amour-propre et qui sont hantés par la peur de ce que les autres pensent d'eux. Imagine aussi toutes ces personnes ano-rexiques ou boulimiques qui vivent ces maladies largement attribuables à leur peur du jugement d'autrui relativement à leur apparence.

Pour certains, se faire dire qu'ils ont pris du poids est suffi-sant pour devenir boulimiques. On n'a pas tous la force de caractère nécessaire pour faire la différence. Pour certaines personnes, le désir d'être aimées est si fort qu'elles sont prêtes à n'importe quoi pour se faire accepter par leurs pairs. Tu n'as qu'à penser à toutes les blessures émotives qu'occasionnent aujourd'hui les préjugés, dans nos écoles, dans les milieux de travail, dans le monde de la justice, dans les médias et dans la vie quotidienne.

Au tout début de la seconde guerre en Irak, presque tous les médias des États-Unis affirmaient que le président George W. Bush était comme son père, une personne intègre prête à défendre son pays. Ils ont adopté ce préjugé, cette opinion préconçue sans fondement et sans connaître les véritables raisons de cette guerre. Voici ce qu'est un préjugé : juger avant de savoir.

À présent, il est étrange de constater que ces mêmes médias sont presque tous d'avis que George W. Bush devrait rappeler les troupes au pays et faire cesser cette guerre qui a débuté sous de faux prétextes et qui a tué trop d'innocents jus-qu'à ce jour. Actuellement, tu n'as qu'à écouter certains médias faire valoir leurs potins à propos des histoires qu'ils véhiculent concernant les accommodements raisonnables.

Trop souvent, pour avoir une histoire à raconter, nous véhiculons, amplifions et dramatisons un problème afin qu'il soit plus vendeur auprès du public qui le consomme. Avec le temps, cette façon d'agir fera naître plus de préjugés, de haines et d'histoires médiatiques qui feront perdurer cette propagande inquiétante.

Au Québec, si un animateur de radio décide de parler à son émission sportive du Canadien de Montréal pour dire que les joueurs sont pitoyables, presque tous les auditeurs qui appellent à la tribune téléphonique sont d'accord avec les propos véhiculés. Le lendemain, si les propos changent par suite d'une victoire, les auditeurs aussi modifient leur discours et leur attitude.

Il est triste de constater que tant de gens se laissent influencer aussi facilement quant à leurs opinions. L'absence d'une autocritique intelligente et réaliste est à la source de plusieurs préjugés. Imagine que l'on demande à toutes tes anciennes partenaires amoureuses de nous dire quelques mots à ton sujet, pour savoir quel genre de personne tu es aujourd'hui. Pour certains, ce qu'il y aurait à dire sur leur compte comporterait plusieurs préjugés, isolés de leur contexte et bien loin de la réalité actuelle.

Dans le passé, j'ai fréquenté une copine de race noire et je peux vous dire que j'ai compris ce que signifient des regards empreints de préjugés. Quand je donne des conférences dans la région de Gatineau, j'adore emmener ma mère déjeuner au restaurant de l'hôtel Château Laurier. Il est amusant de regarder les yeux de plusieurs qui croient que nous sommes un couple qui vient de se lever pour le petit-déjeuner après une nuit passionnée dans cet hôtel.

Je n'oublierai jamais mon petit frère Guy, le jour de son mariage avec son épouse, une femme qui avait presque 20 ans de plus que lui. Pendant le repas de noces, mon frère a pris la parole au microphone devant des centaines de personnes. Il a dit simplement à tous les gens présents avec respect, calme et avec le sourire :

«Je sais que bien des gens dans cette salle nous ont jugés, ma femme et moi, à cause de notre différence d'âges. J'aimerais dire à ma femme que je suis fier d'elle, qu'elle ait suivi son cœur plutôt que le vote populaire. Je t'aime, chérie!» Je sais que cette journée en a marqué plusieurs. La fierté que j'ai ressentie à l'égard de mon petit frère, en le voyant s'exprimer ainsi, restera gravée en moi pour le reste de ma vie.

Le simple fait d'être différent en affaires encourage parfois des opinions préconçues, des préjugés intéressants qui peuvent aider une entreprise à faire mousser ses ventes. La chanteuse Madonna, reconnue mondialement, a parfaitement compris ce phénomène publicitaire pour vendre plus de disques. Le simple fait d'être différent, même si c'est pour le mieux, inspire des préjugés. Imagine maintenant un policier qui laisse sa carrière pour parler d'amour et de bien-être au sein de la société!

Un préjugé est une opinion préconçue, adoptée trop facilement sans fondement valable. C'est un parti pris, une idée toute faite, souvent imposée par le milieu. C'est un jugement rendu dans l'ignorance et en réaction à certaines choses, sans une véritable critique réaliste. La personne qui te parle en mal de quelqu'un parlera sûrement en mal de toi un jour.

J'aimerais maintenant te présenter un homme qui est un bel exemple à suivre et que je te souhaite un jour de rencontrer lors de mes conférences. C'est un bénévole très apprécié qui tient sa place et que tous respectent. Un être avec qui j'adore discuter et prendre une bonne bouffe. J'ai rencontré Daniel il y a 9 ans, lors d'une de mes conférences. Il est aujourd'hui contremaître dans un chantier de construction et il est estimé par plusieurs.

J'ai coanimé une émission de radio à Québec où les auditeurs le félicitaient pour son mode de vie, sa sobriété et sa joie de vivre. Oui, Daniel est un homme formidable et je lui ai présenté ma famille. Je te souhaite de le rencontrer toi-même

un jour pour une simple conversation. Jusqu'à ce jour, Daniel
a effectué les changements nécessaires pour bien réussir sa vie.
Je t'en souhaite autant.

Et si je te disais que Daniel a passé environ 15 ans de sa vie
en prison, aimerais-tu le rencontrer quand même ?

Dans la vie, les seules vraies erreurs sont celles
qui ne nous apprennent rien. Ne permettez pas
à vos erreurs de vous barrer la route ;
utilisez-les plutôt pour construire cette route.

Le chemin de l'espoir

L'IMPORTANCE DE L'ESPOIR

Peu importe la souffrance, l'injustice ou la trahison vécue dans une journée ou à une époque de ton existence, ne perds jamais espoir. Dis-toi que c'est un petit bout de ta vie, une zone de turbulences passagères qui ne représente aucunement ton existence dans sa totalité. Je ne crois pas qu'une souffrance doive durer toute une vie, à moins que tu le décides ainsi par ton pessimisme et le rôle de victime que tu t'accordes.

Ne définis pas ta personnalité par les souffrances de ta vie comme plusieurs le font. Pour certains, c'est un mode de vie à tel point que le fait de parler de leurs souffrances leur procure cette petite attention, si désirée. As-tu déjà connu une personne qui entre en contact avec toi rien que pour t'annoncer de mauvaises nouvelles? À force de parler constamment de la vie qui lui pèse sur le dos et de pleurer sur un avenir peu prometteur, elle programme sa vie à continuer ainsi... très longtemps.

Pour aider une personne plongée dans une telle situation, tu dois la faire réfléchir au moyen de vérités percutantes sur son compte. Si tu as peur de causer de fortes réactions de sa part, dis-toi bien que tu ne fais que la respecter en lui confiant le fond de ta pensée. Ne t'attendrais-tu pas à la même chose de tes amis?

Le processus qui mène à la guérison est souvent difficile. Toutefois, il faut toujours garder à l'esprit que ce « malaise » est passager, et qu'au bout du compte on en ressort grandi, qu'on le veuille ou non. Parler d'espoir n'est pas évident avec des gens pessimistes dans l'âme.

Quand j'étais jeune, j'ai travaillé dans un centre pour personnes âgées. Je me rappellerai toujours cet homme qui n'avait que des souffrances à nous raconter. Se plaindre était tellement incrusté dans son mode de vie que les gens le fuyaient. Le plus étrange est qu'il en était inconscient au point de pleurer parce qu'aucun membre de sa famille ne le visitait. Il ne se rendait même pas compte qu'il en était la cause. Il est sûrement mort malheureux, et bien avant son temps.

Aujourd'hui, il est triste de constater qu'il existe de jeunes vieux, tout comme lui, encrassés dans une vie de souffrances qu'ils répètent à satiété, jour après jour, à qui veut l'entendre. Fais attention aux paroles que tu prononces à propos de la vie et de toi-même, car cela peut tuer l'espoir dans l'œuf. L'espoir est une lueur que des lendemains plus heureux viendront chanter à ta porte.

Entretenir constamment l'espoir d'un lendemain meilleur est sain pour ton esprit et ta santé. Cela explique peut-être pourquoi l'espoir est à la base de toutes les religions. Je suis très partagé et même sceptique concernant les bienfaits que certaines religions peuvent apporter dans ce monde d'aujourd'hui. D'autre part, je crois que la notion d'espoir en aide plusieurs à persévérer dans leurs épreuves.

Pour ma part, à travers mes pires souffrances, mes plus pénibles moments de solitude, de déception et de pensées suicidaires, je n'ai jamais perdu l'espoir qu'un jour je serais bien dans ma peau. Tout ce processus a duré bien des années, mais l'espoir que j'ai entretenu en moi m'a gardé vivant pendant toute ma survie. J'aime la Vie et ma propre vie. Je suis devenu un optimiste qui partage un peu d'espoir à tous ceux qui veulent m'entendre.

La souffrance est comme la marée : elle arrive, puis un jour elle repart inévitablement. Il faut juste tenir bon ! L'espoir protège parfois une âme pendant plusieurs années jusqu'à sa libération émotive. Pour certains, la volonté de s'aider soi-même n'est pas suffisante pour se libérer d'une souffrance. Je te souhaite de rencontrer ton guide, d'entendre une parole ou une chanson qui t'aidera à te libérer.

Bien des gens sur ta route ont de beaux messages d'espoir à partager avec toi. Trop souvent, quand tu es en état de crise ou de souffrance, ton écoute n'est pas assez présente pour saisir l'inspiration que ces gens t'apportent. Je te souhaite d'être conscient et de regarder autour de toi pour recueillir ton message d'espoir quotidien.

HISTOIRE DE VICKY VILLENEUVE

Le suicide n'est pas la solution

En 1991, alors que je patrouillais dans le secteur de Hawkesbury, en Ontario, j'ai croisé sur ma route Vicky Villeneuve, alors âgée de 12 ans. Cette dernière voulait s'enlever la vie en se jetant sous le prochain train...

Voici l'histoire de Marc et Vicky, réunis par le destin afin de permettre à ces deux êtres bienveillants de se distinguer en tant qu'individus capables d'accomplir de grandes actions pour leurs semblables.

Quelques questions pour Marc!

Marc, dans quelles circonstances exactes avez-vous rencontré Vicky?

Je circulais seul à bord de mon auto-patrouille quand j'ai aperçu cet après-midi-là, une fillette qui longeait le chemin de fer. J'ai garé immédiatement ma voiture pour aller la rejoindre, car je ne trouvais pas ça normal qu'une enfant de cet âge soit toute seule près des rails. En me dirigeant vers elle, j'ai tout de suite vu qu'elle n'était pas dans son assiette. Je pouvais même ressentir sa peine.

Comment l'avez-vous abordée?

La première chose que je lui ai dite sur un ton amical, c'est: «Que fais-tu là?» Au début, elle ne semblait pas vouloir me répondre. Elle était évasive dans sa gestuelle corporelle. Puis, finalement, elle m'a dit qu'elle broyait du noir et qu'elle voulait mourir. La pauvre était vraiment déprimée.

Comment se sent-on devant une enfant de 12 ans qui veut mourir?

Bizarrement, je me voyais en elle, surtout en ce qui a trait à la peine qu'elle éprouvait. Moi-même quand j'étais plus jeune, on me disait très renfermé. Les temps ont bien changé, car maintenant on me reproche parfois d'être trop direct. Toujours est-il que je pouvais saisir sa détresse et même son état émotionnel. Le contact entre nous s'est fait rapidement, comme par magie, pourrais-je dire.

Qu'avez-vous fait pour dissuader Vicky de s'enlever la vie?

Je lui ai demandé de m'accompagner à ma voiture pour que nous puissions bavarder ensemble. Ce qu'elle a fait. Une fois assis tous les deux dans l'auto, nous avons entamé une conversation. Entre autres choses, je lui ai assuré que je serais toujours présent pour elle et qu'elle pouvait compter sur mon appui. Et je le pensais vraiment. D'ailleurs, nous avons gardé le contact depuis cet événement. Vicky ne m'a jamais oublié.

D'après vous, pourquoi voulait-elle mourir?

Vicky n'avait pas une haute opinion d'elle-même, vous comprenez? Elle ne s'estimait pas. Elle était vraisemblablement très mal dans sa peau. Elle vivait une sorte de rejet par rapport à ses parents. Elle ne se sentait ni aimée ni comprise par personne. D'ailleurs, elle n'avait plus aucune confiance en l'avenir. Elle voulait donc en finir.

Pensiez-vous qu'elle serait morte aujourd'hui si vous n'étiez pas intervenu dans sa vie?

Vraiment, je l'ignore. Par contre, je sais une chose: C'est dans les nuits les plus noires que l'on voit les plus belles étoiles.

Quelques questions pour Vicky!

Vicky, l'auriez-vous fait?

Absolument! Et j'en suis sûre à 100 %, car je ne pensais pas que je pouvais m'en sortir. J'aurais laissé ce train me passer sur le corps. D'ailleurs, au cours des mois précédents, j'avais tenté de me suicider à deux reprises. La première fois, j'ai utilisé une lame de rasoir pour m'ouvrir les veines et la seconde fois j'ai avalé tout le contenu d'un flacon de *Tylenol.*

Comment perceviez-vous Marc au moment où il s'est présenté à vous?

Sur le coup, je ne l'ai pas vu venir. J'étais allongée sur les rails. J'attendais patiemment que le train arrive. Une fois la conversation engagée, j'ai vite compris que Marc pouvait vraiment ressentir ce que je lui exprimais. C'était comme s'il avait la capacité de se mettre dans mes souliers. Pour moi, c'était un ange que le bon Dieu m'envoyait. C'était le signe que je devais rester en vie. Aujourd'hui, d'ailleurs, j'ai 27 ans, je suis en couple et j'ai trois beaux enfants.

Ressentiez-vous la peur avant que le train n'arrive?

J'avais l'impression que tout était au ralenti autour de moi. Dans un même temps, dans ma tête, tout se bousculait. Je n'avais plus aucune émotion si ce n'est ma grande hâte que le train se pointe. Ainsi, j'aurais mis un terme au film de ma vie.

Qu'est-ce que Marc a fait pour vous aider?

Il m'a encouragée. Il m'a donné son numéro de téléphone personnel pour que je puisse prendre contact avec lui en tout temps. Il m'a conduite à l'hôpital et il est revenu me voir dans la même journée en m'apportant un petit chien en peluche. Sa disponibilité, son écoute, son empathie ont fait que je me suis sentie réellement importante à ses yeux. Pour la première fois, je sentais que j'étais quelqu'un aux yeux d'une personne.

Pourquoi ? N'étiez-vous pas aimée à la maison ?

Mes grands-parents m'ont adoptée à 13 mois parce que mes propres parents ne pouvaient pas s'occuper de moi. Ils avaient des problèmes de drogue et d'alcool. J'ai donc grandi en pensant que je n'étais pas désirée, que j'étais de trop, qu'on m'avait rejetée et abandonnée. Je vivais un grand vide à l'intérieur de moi.

Avez-vous revu Marc au cours des jours qui ont suivi votre hospitalisation ?

Oui. Je suis moi-même retournée au poste de police pour le revoir et bavarder de nouveau avec lui. Je savais que je pouvais compter sur son soutien. Quatre ans plus tard, en novembre 1995, quand Marc a donné sa deuxième conférence sur la croissance personnelle, j'y étais. J'ai même témoigné devant l'auditoire pour parler de la détresse et du désespoir humains. Marc m'a tellement aidée dans ma vie que je ne l'oublierai jamais.

Ce moment de vie a été publié dans le magazine *La Semaine*, en janvier 2007.

Vicky Villeneuve et son conjoint.

TA VIE SPIRITUELLE

Il y a parfois une distinction à faire entre un être spirituel et un être religieux. L'être spirituel reflète dans ses agissements une âme animée par une vie intérieure profonde, reflet d'un principe supérieur qui sous-tend sa méditation. Il ne fréquente pas nécessairement une église ou tout autre lieu de culte et il ne croit pas toujours en une vie éternelle, dans un paradis quelconque. Ce phénomène est plutôt propre aux fervents religieux. Car l'être religieux quant à lui reflète dans sa pratique la croyance en un pouvoir surnaturel, souvent en une vie après la mort, et sa foi se traduit par des rites réservés à la religion sur laquelle ses convictions se fondent.

À mon avis, il est possible de vivre sa spiritualité et d'être détaché en même temps complètement des croyances religieuses strictes qui ont force de loi depuis des siècles. Il est d'ailleurs triste de constater que plusieurs de ces religions exhortent leurs fidèles à adopter une bonne conduite sur terre pour accéder à la vie éternelle, mais tout en brandissant les spectres de la souffrance, de la culpabilité et de la peur s'ils ne se soumettent pas aux préceptes enseignés. Je trouve tout aussi déplorable qu'un enfant en âge de comprendre ne puisse pas librement choisir sa religion.

Une religion n'est pas Dieu. Une religion est la reconnaissance par un groupe d'un pouvoir ou d'un principe supérieur de qui dépend sa destinée, en l'occurrence une façon de se représenter un Dieu à qui on doit respect et obéissance. Les attitudes intellectuelles et morales qui résultent de cette croyance, en conformité avec un modèle social, peuvent constituer une règle de vie. Ceci explique pourquoi tant de religions se contredisent. Certaines religions disent se conformer aux valeurs prônées par un Dieu d'amour pur et de miséricorde, alors qu'ils n'hésitent pas à juger et condamner les divorcés et les gais.

D'autres religions essaient de justifier le meurtre et le terrorisme en disant que leurs disciples doivent sacrifier leurs vies dans une guerre sainte pour défendre leurs idéaux. Comme je le disais précédemment, ils font de leur mort un acte sacré de bravoure, alors qu'à mon sens, c'est la vie qui est sacrée. J'irais même jusqu'à dire que d'avoir une foi aveugle en certaines valeurs religieuses contestables pourrait être dangereux pour ta santé mentale et physique.

Ne perds jamais ton côté critique, et ce, même dans ta souffrance, car c'est à ce moment-là que tu es des plus vulnérables et que tu pourrais te faire manipuler par des croyances qui ne sont pas nécessairement les tiennes. Je crois qu'il est acceptable pour certains de ne croire en rien et cela ne regarde qu'eux. Le respect doit être de mise lorsqu'on parle de croyances, car ce choix est personnel et ne devrait jamais être inculqué de force dans une âme humaine. Et cela vaut pour toutes sortes de croyances.

Je crois qu'il est important d'enseigner à nos jeunes que de porter un condom est un moyen responsable de se protéger des maladies vénériennes et de prévenir des grossesses non désirées. Je crois qu'il est normal de donner du sang pour sauver la vie de ton enfant à la suite d'un accident d'automobile mortel. L'enfant choisit rarement sa religion et ses croyances lui sont imposées, mais s'il le pouvait, il te dirait sûrement à ce moment-là que ce qu'il souhaite plus que tout, c'est de vivre…

Vivre ta spiritualité est une démarche essentiellement personnelle, propre à chacun d'entre nous. Une personne spirituelle se sent en harmonie avec elle-même et avec tout ce qui l'entoure: la nature, les animaux, l'amour et les êtres humains. Pour elle, tout ce qui se vit sur cette planète est la manifestation d'une expression divine. Pour développer ta spiritualité, apprends à t'aimer et à aimer ton prochain d'un amour inconditionnel et universel. Pour améliorer ta paix intérieure et être en relation profonde avec toi-même, tu peux aussi méditer ou pratiquer la prière. Mais encore une fois, ceci est un choix personnel que tu es libre de décider.

La prière est un dialogue, une interaction humaine et divine dans lesquels l'être humain va à la rencontre de son Être suprême tel qu'il le conçoit. La prière agit sur le plan spirituel et est bienfaisante. Elle est donc un acte de foi et de bonté. Moi, dans mes prières, je parle souvent à mon père décédé. Je ne sais pas s'il m'entend, mais en revanche, je sais que de lui parler me fait du bien. Cela me permet aussi d'exprimer les non-dits de mon cœur afin de me sentir plus libre.

Pendant des années, je récitais une petite prière le matin et cela m'a aidé à traverser plusieurs épreuves difficiles. Une petite prière le matin, même un poème ou une réflexion fait du bien et te prépare à être en harmonie avec ce que te réserve cette journée nouvelle qui s'annonce. Le fait de parler au Seigneur dans cette prière implore une force supérieure telle que tu la conçois.

Si tu ne crois en rien, cette prière peut quand même t'aider, car elle fait appel à la bonté humaine en toi. Je te suggère d'ailleurs d'écrire ta propre prière selon des paroles que tu choisis et qui ont de l'importance pour toi. Tu pourras ensuite la lire chaque matin afin de bien programmer ta journée dans un esprit positif et d'amour. De cette façon, ta prière du matin sera à l'image de tes besoins et de tes croyances.

PRIÈRE DU MATIN

Seigneur, dans le silence de ce jour naissant,
je viens Te demander la paix, la sagesse et la force.
Ouvre mon oreille pour que j'entende ton appel à aimer,
pour que j'écoute ce que tu as à me révéler,
pour que je réponde à ce que tu attends de moi.

Je veux regarder le monde avec des yeux tout remplis d'amour,
voir Tes enfants au-delà des apparences, comme Tu les vois Toi-même.

Tout au long de ce jour, garde-moi en ta présence et
rends-moi fort contre le mal.
Ferme mes oreilles à toute calomnie.
Garde ma langue de toute malveillance.
Que seules les pensées qui bénissent demeurent en mon esprit.
Que je sois si bienveillant et si joyeux.
Que tous ceux qui m'approchent sentent ta présence.
Revêts-moi de ta beauté, Seigneur,
et qu'au long de ce jour je te révèle.

Conclusion

L'anticipation du bonheur n'est pas le bonheur. Combien de gens misérables se consolent en parlant d'une retraite à venir... un jour, comme le cadeau ultime? Le plus beau cadeau de vie, c'est aujourd'hui, rien de moins. Je crois qu'il est primordial d'allier l'amour de soi-même et l'amour des autres maintenant pour avoir la satisfaction d'avoir réussi ta vie un jour.

Tu n'as qu'à penser aux gens décédés que tu as connus pour comprendre que ceux qui sont dignes d'avoir réussi leur vie ne sont pas nécessairement ceux qui possédaient le plus de jouets, les plus grands titres ou le plus d'amis à leur dernière heure. Certains sont même morts de la même façon qu'ils ont toujours vécu : trop vite, empêtrés dans leurs jugements, seuls, tristes, dans la souffrance, le mensonge, la dépendance, la routine, eh oui, pour certains d'entre eux dans l'amour et le respect de soi. Combien de gens sont déjà trop occupés pour mourir?

Prends deux minutes pour réfléchir aux valeurs de vie que tu as laissées aux gens de ton entourage jusqu'ici. Selon toi, quel pourcentage représente ton état de bien-être intérieur dans ta vie en général? Réfléchis aux gens qui sont importants pour toi et examine tes lacunes en temps et en amour à leur égard. Réfléchis aux loisirs et activités auxquels tu aimes participer pour voir à quand remonte la dernière fois où tu as pris du temps pour toi.

Pour déterminer où tu en es avec tes émotions, ne prends pas trop le temps de penser et associe un événement de ta vie avec chacune des émotions suivantes. De cette façon, tu pourras déterminer selon toi si en repensant à ces épisodes de ton passé, tu les as acceptés et si tu as pu pardonner. Voici ces émotions : regret, pardon, rejet, abus, peine d'amour, abandon, peurs, solitude, déception, humiliation, injustice, trahison, jugements et attentes.

Pour chaque réussite de vie, à chacun sa définition. Je crois aussi que ton opinion à cet égard peut changer tout au long de ta vie. Combien de gens vont pleurer un divorce et le voir comme un échec, alors que d'autres vont réaliser que d'avoir quitté avec courage un tel conjoint est l'une des plus belles réussites de leur vie ?

Je t'ai donné mon opinion dans ce livre, mais je ne prétends pas avoir la réponse. J'ose croire cependant que mes écrits t'ont fait réfléchir. En ce qui me concerne, avoir la possibilité de provoquer une réflexion chez toi fait partie intégrante de mes petites réussites de vie. Tout comme aujourd'hui, le fait d'enseigner à notre petite fille des valeurs telles que la persévérance, l'amour, le respect et le pardon de soi, cela contribue à notre réussite de vie en tant que parents.

Mes observations m'ont amené à conclure que, règle générale, une personne au cœur joyeux et avec des pensées équilibrées aura plus de facilité à atteindre un épanouissement personnel et professionnel. Je te souhaite donc de marcher allègrement vers les chemins de l'équilibre et de réussir ta vie.

Je t'invite à m'écrire sur www.marcgervais.com, mon site Internet, et à me faire part de ton opinion, afin que tu puisses m'offrir à ton tour tes réflexions de vie.

En terminant et selon moi, réussir sa vie n'est-il pas à la base de vivre heureux et en harmonie avec toi-même et les autres ?

Bonne réussite…

La conférence-spectacle
RÉUSSIR SA VIE

Eh oui, si tu as aimé ce livre,
pourquoi ne viendrais-tu pas le vivre
maintenant, avec Marc Gervais, cet auteur
renommé, dans le cadre d'une autre
conférence-spectacle d'une durée
de deux heures, intitulée:
RÉUSSIR SA VIE

Cette conférence est présentée dans plusieurs
grandes villes au Québec avec sketchs,
rires, émotions, vidéo et musique.

Pour connaître les dates de représentations et
les villes, consulte le site Internet:

www.marcgervais.com

Achat de billets avec le réseau Admission:
1 800 361-4595 ou 514 790-1245

Pour une conférence en entreprise ou autre,
adresse-toi à:

corporatif@marcgervais.com